向松祚／著

新经济学

卷三

人心的无限创造性

中信出版集团｜北京

图书在版编目（CIP）数据

人心的无限创造性 / 向松祚著 . -- 北京：中信出
版社, 2020.2（2024.5重印）
（新经济学；卷三）
ISBN 978-7-5217-1285-8

Ⅰ.①人… Ⅱ.①向… Ⅲ.①创造性–研究 Ⅳ.
①B842.5

中国版本图书馆 CIP 数据核字（2019）第 265052 号

新经济学：卷三　人心的无限创造性

著　　者：向松祚
出版发行：中信出版集团股份有限公司
　　　　　（北京市朝阳区东三环北路27号嘉铭中心　邮编　100020）
承 印 者：北京通州皇家印刷厂

开　　本：787mm×1092mm　1/16　　印　张：78.75　　字　数：988千字
版　　次：2020 年 2 月第 1 版　　　　印　次：2024 年 5 月第 3 次印刷
书　　号：ISBN 978-7-5217-1285-8
定　　价：298.00 元（全五卷）

独立之精神　自由之思想

目录

绪

论

曼德维尔和斯密

人性的本质是一切学问的终极基础。人的行为、人类的各种制度和组织，以及我们所看到的人类社会的一切现象，都源自关于人性本质的思想和理念，这是十分令人惊异却又是那么平凡无奇的事实。

凯恩斯的《就业、利息和货币通论》（以下简称《通论》）最后一章那段著名的感慨时常为人所引用。[①] 美国著名学者海尔布隆纳的名著《俗世哲学家》[②]，以极为优美的文笔和深入系统的研究，阐述了从斯密到熊彼特等多位经济学大师的思想，意在说明正是这些经济学思想影响了后世人类经济发展的历程，乃至整个人类的福祉。熊彼特晚年和夫人一起，不辞辛劳、披沙拣金，撰写了《经济分析史》和《从马克思到凯恩斯十大经济学家》，内心深处亦是希望证明思想威力之无穷。马克思本人深信思想的威力，他的《资本论》或者说《政治经济学批判》对人类命运之影响可谓极其深远。

从经济学数百年发展历程而言，影响最为深远而且奇特无比的一个简单思想就是"人性自私"。众所周知，斯密《国富论》的基本主题就是人性自私以及自私的好处。毕生研究斯密生平和思想的英国人埃德温·坎南说："渗透整部《国富论》的基本主题就是自私的经济利益，它同样为后世全部经济学奠定基石。"[③] 效用论的发明者边沁曾经自豪地宣称，我种下了效用这

① John M. Keynes, *The General Theory of Employment, Interest and Money*, Macmillan and Co., Ltd. 1936, p.383-384.

② 《俗世哲学家》被称为史上第二畅销经济学著作，在国内全新出版后，现名为《经济学统治世界》。——编者注

③ Adam Smith, *An Inquiry into the Nature and Causes of the Wealth of Nations*, Methuen and Co., Ltd. p.xii.

颗种子，我坚信它会长成参天大树。斯密所种下的"自私的好处"这颗种子，长成的已不仅仅是参天大树了，而是整个经济学那无边无际的茂密森林。说起来这是非常奇怪的人类思想发展历程，因为斯密的前辈学者，特别是他最尊敬的恩师、苏格兰启蒙运动大师哈钦森博士并不赞同"自私有利"的观点。

17、18 世纪的欧洲出现了一大批学者，致力于人性本质及其规律的研究，直接导致了苏格兰启蒙运动的兴起和经济学的诞生。斯密的恩师哈钦森是苏格兰启蒙运动的主要成员。哈钦森的经济学主张完全是重商主义学说。他对人性的观点则以"乐善好施"或"利他"为中心。哈钦森相信乐善好施是人的一切美德以及一切源自美德的人类行为的共同的显著标志。最伟大的乐善好施的行为则是致力于为最大多数人谋取利益或好处的行为。哈钦森认为"自利、自私或自爱"永远不能成为任何美德的基本原则或出发点，当然，只要不产生其他负面效果，人们照顾自己的利益无可厚非。

有意思的是，斯密非常尊敬恩师哈钦森，而其基本学说却与恩师分道扬镳。斯密的《国富论》与重商主义经济学彻底决裂，他对重商主义学说的批判可谓不遗余力。对于哈钦森"利他主义理想"，斯密同样毫不留情地予以系统批评。斯密首先赞美哈钦森的利他主义思想体系"是一个和蔼可亲的体系，该思想体系有一种特有的趋向，那就是滋养和激励人内心深处所有情感里最高贵和最令人愉悦的那种情感"，然后话锋一转："然而该思想体系却有一个重大缺陷，它无法充分解释人类为什么会欣赏那些并不怎么特别高贵或者比较低级的情感，譬如精明节俭、警惕小心、细心慎重、克制自律、持之以恒、坚持不懈等。"[1]

---

[1] Adam Smith, *An Inquiry into the Nature and Causes of the Wealth of Nations*, Methuen and Co., Ltd. p.xiii.

斯密接着以优雅的语言赞美自私自利的好处："很多情形下，关心和照顾自我的幸福和自己的利益，往往是非常值得赞美的行为准则。勤俭持家、勤勉工作、思虑周全、处事妥当、专心致志、善于思考，一般而言，所有这些行为和美德皆来源于自私自利的动机，与此同时，自私自利的动机被认为是非常值得称赞的品德和素质，它值得我们每个人的尊重和认可。相反，粗心大意和懒惰荒怠普遍遭到指责和反对。然而，这些不良品质和行为不是源自缺乏乐善好施之心，而是源自对自己的利益和追求的目标缺乏适当的关切。"[1]

　　当然，斯密对自私自利极其优美的颂扬，来自《国富论》里那两段举世知名的文字表述得更加清晰：

　　　　很多时候，一个人会需要兄弟朋友的帮助，但假如他真的要依靠他们的仁慈之心，他将会失望。倘若在需求中他能引起对方的利己之心，从而证明帮助他人是对自己有益的事，那么这个人的成功机会较大。任何人向他人提出任何形式的交易建议，都是这样想：给我所需要的，我就会给你所需要的——这是每一个交易建议的含义；而我们从这种互利的办法中，获得的会比我们所需的更多。我们的晚餐可不是得自屠夫、酿酒商人，或面包师傅的仁慈之心，而是因为他们对自己的利益特别关注。我们认为他们给我们供应，并非行善，而是为了他们的自利……[2]

　　　　所以，每个人都会尽其所能，运用自己的资本来争取最大的利益。

---

①　Adam Smith, *An Inquiry into the Nature and Causes of the Wealth of Nations*, Methuen and Co., Ltd. p. xiii.

②　Adam Smith, *An Inquiry into the Nature and Causes of the Wealth of Nations*, Methuen and Co., Ltd. p.27.

一般而言，他不会意图为公众服务，也不自知对社会有什么贡献。他关心的仅是自己的安全、自己的利益。但如此一来，他就好像被一只无形之手引领，在不自觉中对社会的改进尽力而为。在一般的情形下，一个人为求私利而无心对社会作出贡献，其对社会的贡献远比有意图作出的更大。[①]

上述两段话是"个人自私自利能够促进全社会利益"这个学说的最佳阐述。两百多年的西方经济学不过就是对这两段话的不停阐发。斯密是如何创立这个学说的呢？埃德温·坎南认为有两种可能性，一是斯密自身思想逐渐演化发展的结果，二是可能受到曼德维尔思想的影响。

伯纳德·曼德维尔（1670—1733）是斯密的前辈，据说精通古籍、哲学和医学，思想深邃，文笔流畅，为当时欧洲第一流的思想人物。曼德维尔的传世名著《蜜蜂的寓言》，标题即显示了其思想优美和神奇的一面。一言以蔽之，曼德维尔学说的精髓就是一句话："私恶即公德"或"私人恶德即公众利益"。[②] 演绎出来，其学说亦有硬币之两面。

硬币的第一面，曼德维尔将人类几乎一切欲望或需求皆斥责为"恶"或"不道德"或"虚荣"。斯密就此评论道："依照曼德维尔的见解，我们人类所保留或期待的快乐、幸福或欲望，只要超过那最极端的苦行僧的自我克制水平，哪怕只是超出那么一点点儿，就是极其恶劣的奢侈浪费和淫荡纵欲。依照曼德维尔的想法，一切需求只要超过人类生存所极端必需的水平，那么只超过一点点儿，就是奢华无度。依照这位怪杰的思维，就算

---

① Adam Smith, *An Inquiry into the Nature and Causes of the Wealth of Nations*, Methuen and Co., Ltd. p.456.

② 伯纳德·曼德维尔. 蜜蜂的寓言 [M]. 肖聿，译. 北京：中国社会科学出版社，2002：7.

你只不过穿一件干净的衬衫或住一间稍微方便舒适的房子，那都是恶习或不道德的行为。"①

硬币的第二面，曼德维尔却将奢华、享乐、纵欲等恶习看作人类经济繁荣和进步之源泉。他那著名的诗篇充满奇特的逻辑：

> 奢侈驱使着百万穷汉劳作，
>
> 可憎的傲慢又养活着另外一百万穷汉。
>
> 嫉妒和虚荣，是产业的奖励者，
>
> 其产物正是食物、家具和衣服的变化无常，
>
> 这种奇怪而荒唐可笑的恶德，
>
> 竟然成为回转商业的车轮。

曼德维尔几乎完全从负面角度看待人性，认为社会中每个人都是玩儿命不择手段地去力求满足自己的虚荣和私欲：

> 律师们的艺术是在人们之间制造纠纷，
>
> 他们对待法律，就像盗贼行窃前那样审视店铺，
>
> 为的是找到可利用的漏洞，
>
> 为他们的罪恶目的辩护；
>
> 医生们轻视病人的生命，
>
> 只是盯着荣誉和财富；
>
> 商人们在市场上售卖掺假的货物，

---

① Adam Smith, *An Inquiry into the Nature and Causes of the Wealth of Nations*, Methuen and Co., Ltd. P.xii.

因为他们赚钱的欲望真是无度。

无数的人都在努力，

满足彼此之间的虚荣和欲望，

到处都充满邪恶，

但整个社会却变成了天堂。①

斯密其实并不赞同曼德维尔的极端思想。斯密就此评论道：

对于任何人的情感，无论它们是何种情感，也不管人们是否应该拥有这些情感和需求，曼德维尔皆毫无例外地将一切情感和需求斥责为虚荣。他依靠这种极端怪异的诡辩术，竟然得到了他那值得称颂的结论：私恶私利乃是公共利益！②

斯密"个人自私创造公众利益"的观点要比曼德维尔的观点中庸得多。《国富论》的所有论点都以优雅婉转的方式来表达，符合斯密宁静和睿智的人格特点。然而，曼德维尔的学说却深深影响了斯密对人性、社会秩序和经济运行内在规律的认识，我们甚至可以说，曼德维尔的观点决定了《国富论》的主调。斯密的原话能够做证："曼德维尔博士的思想体系曾经引起整个世界的巨大反响。尽管其论点看起来如此具有毁灭性，但是，如果曼德维尔博士的观点没有在许多方面触及深刻的真理，那他就绝不会对那么多的人产生那样深刻的影响，就绝不会警醒那么多睿智人士，他们都是良

---

① 伯纳德·曼德维尔.蜜蜂的寓言 [M].肖聿，译.北京：中国社会科学出版社，2002：7-10。

② Adam Smith, *An Inquiry into the Nature and Causes of the Wealth of Nations*, Methuen and Co., Ltd. p.xiv.

好社会秩序原理的真正朋友。"①

　　曼德维尔的思想体系以"私恶即是公德"为出发点，系统探讨了从私恶到公德的实现路径，亦即经济社会制度或社会秩序的形成机理，探讨了社会分工促进经济繁荣的内在机制。显然，曼德维尔的思想体系对《国富论》的所有重要主题——自私促进经济繁荣，看不见的手，尊重个人自由的制度和法律体系，分工促进生产力的增长——都产生了深刻影响。

　　不仅如此，曼德维尔对后世许多重要经济思想家都产生了深远影响。奥地利学派代表人物、经济学大师哈耶克是个人自由和市场自发自在秩序的坚定捍卫者和最佳阐释者，他赞扬曼德维尔是英国 18 世纪最伟大的思想家之一。哈耶克关于个人自由和市场自发自在秩序的观点与曼德维尔的社会秩序学说如出一辙。曼德维尔的学说对凯恩斯的宏观经济学、布坎南的公共选择理论亦有重要启发。凯恩斯认为，人们推崇的许多美德（譬如节俭和储蓄）却往往对经济繁荣有害，人们谴责的许多恶行（譬如奢侈和铺张浪费）却对经济繁荣有利。凯恩斯《通论》里许多与古典经济学价值观念相反的"异端邪说"，都有曼德维尔"私恶即公德"的影子。

自私假说成为公理

　　曼德维尔和斯密关于人性自私及其各种后果的学说，深刻地影响了西方思想尤其是经济学思想的发展。纵观西方经济和社会思想，曼德维尔之"私恶即公德"论，斯密之自私论，达尔文之进化论，道金斯之自私基因

---

①　Adam Smith, *An Inquiry into the Nature and Causes of the Wealth of Nations*, Methuen and Co., Ltd. p.xvi-xvii.

论，皆为西方竞争经济制度或行为张目。这些学说皆包含极其重要的真理成分，然揆诸人心或人性之本质，实为偏执之论也。

将人性自私作为一个基础性假设，是主流经济学最本质亦最显著的特征。这一点，张五常教授的名著《经济解释》说得最清楚。他说：

> 从经济思想史那方面看，"自私"成为一个基础假设是十九世纪末期新古典经济学兴起以后的事。在这个新的范畴内，广泛使用数学的微积分，提出了"边际"（marginalism）的分析，"极大化"（maximization）与"极小化"（minimization）的概念被接受了。人的行为以满足私欲为原则，就成为"在局限条件下个人争取最大利益"——或争取最小费用——这个假设。简化地称之为"自私"，是比较通俗的说法。

> 新古典经济学兴起后，这门学术渐趋科学化，行内就将"自私"作为一个客观的假设了。这样，人的本质究竟是否真的自私变得无关宏旨。[1]

> 虽然我们有理由相信自私是人的本质，是真理，是不可更改的，但从经济科学的角度看，这真理不重要。重要的是把自私作为一个辩证的基础假设，在这个起点上不容有所争议。而以这假设来解释人的行为是否可取，要看这个及其他附带的假设能否推出一些可能被事实推翻的含意，再客观地以事实验证。在这个科学辩证的游戏中，因为逻辑的规限，我们不能说人有时自私，有时不自私，以致在逻辑上我们无法推出任何可能被事实推翻的含意。[2]

---

[1]　张五常 . 经济解释（二○一四合订本）：科学说需求 [M]. 北京：中信出版社，2014：88-89.

[2]　张五常 . 经济解释（二○一四合订本）：科学说需求 [M]. 北京：中信出版社，2014：91-92.

张五常教授以上的阐释有几个重点值得注意：

其一，自私成为经济学的一个基础假设，乃是经济学日益科学化的结果，亦即经济学需要使用最大化和最小化的分析方法，则必须假设人性自私，且将人性自私界定为局限条件下争取利益最大或成本最小。

其二，人的本质究竟是否自私对经济学无关宏旨，这正是弗里德曼实证经济学方法的关键论点。也就是说，经济学者将人性自私当作一个武断的假设即可，无须继续追问或探求人性是否真的自私，无须继续追问或探求人性本质究竟为何。

其三，经济学者将自私作为一个基础假设，主要是为了推出可以被事实验证的含义。尽管张五常教授相信人性自私是人的本质，是真理，不过就经济科学而言，自私只不过是一个"方便法门"，是实证经济学的一个方便假设，仅此而已。

纯粹从实证经济学方法论而言，张五常教授对经济学"人性自私假设"的阐释正确而恰当。从全面解释和理解人类经济行为和经济现象的整体观来看，我有三点补充：

其一，人性自私假设，尤其是将人性自私清楚界定为局限条件下最大化利益或最小化成本，确实是边际效用革命和新古典经济学兴起之后，经济学被普遍科学化的结果。然而，人性自私却有经验事实做客观的基础。古典经济学皆或明或暗地以人性自私为经济行为的基础。斯密《国富论》有很多论述人性自私与经济行为之关系的经典段落。价格理论的三大支柱——效用最大化、边际效用递减规律和选择替代定律——亦皆有经验事实为基础。因此，人性自私假设并非空中楼阁，它至少刻画了人性或人类行为本质的某一个重要侧面。

其二，将人性自私作为解释人类某些经济行为和经济现象的基础假设，并不意味着人性自私能够作为解释人类一切经济行为和经济现象的基础假设，亦并不意味着我们不需要继续追问或探求人性的本质，或追问人性是否真的自私。吾以为人性自私（无论如何界定人性自私的含义）并不能全面刻画或概括人性的本质，我们确实需要再往前一步或往深一步去追寻人性的本质。此是吾人所倡导的创造性经济学范式和新古典经济学范式的基本分歧点。

其三，解释和理解人类经济行为和经济现象之方法或途径，绝非只有新古典经济学或实证经济学方法之一途。以"推导出可能被事实推翻或验证的含意"为要义的实证经济学方法，固然有其独到和精彩之处，对我们理解和解释人类经济行为和经济现象大有贡献，然而，实证经济学方法并非我们理解和解释人类经济行为和经济现象的唯一和全部途径。从人心创造性出发来解释和理解人类经济行为和经济现象，既无须局限于人性自私假设，亦可包含实证经济学方法。实证经济学方法实为创造性经济学范式之一部分。

自私假说的基本困难

重要的是，经济学以人性自私为基础假设来解释和理解人类经济行为和经济现象，其实有难以克服的逻辑困难。

为什么同是自私之人性，不同的个人却有完全不同的行为、理想、意识、结果或目的？为什么同是自私的个人所组成的群体（家庭、公司、社区、国家），却有完全不同的制度安排、发展道路、发展模式和发展结果？为什么同是自私之人，有人能够为人类社会的发展做出令人高山仰止的伟大贡献，有些人却平淡无奇，有些人则成为人类社会的破坏者和犯罪者？为什么同样由自私之人组成的社会，有些社会能够发展出或演化出优秀的法律制度和政治制度，妥善保障私有产权和基本人权，有些社会却始终难以形成一套有效的制度，甚至根本没有制度可言，对私有产权和基本人权缺乏最基本的保障？为什么同样由自私的个人组成的公司，一些公司能够取得辉煌成就，成为改变人类历史进程的伟大力量，有些公司却完全失败或默默无闻？

易言之，以自私为基础假设，是否能够解释人类行为及其结果，是否能够解释哪怕是最普通的人类行为及其结果？自私对于解释人类行为和经济现象的意义究竟在哪里？这都是不可不深思明辨的重要问题。

信奉实证经济学方法论的经济学家当然可以辩解说，人性是否真的自私并不重要，它只是一个方便假设，以便经济学者推导出具有解释力的假说或理论含义，以解释人类经济行为和经济现象。他们亦可以辩解说，上述那些问题不是经济学应该研究的课题，应该让其他学科来做解释。

实证经济学或实证科学的假说需不需要具有真实性，是科学方法论或实证经济学方法论长期争论的问题。弗里德曼和张五常支持假说非真实性，科斯则反对；物理学家霍金支持假说非真实性，爱因斯坦则反对。本书第一卷对此已有详论，此不赘述。需要强调的是，一切社会科学需要解释的现象皆源自人性或人心的本质，社会科学尤其是经济学必须深入讨论人性的本质。此是社会科学与自然科学之本质的不同。

远为重要的是，社会科学或经济学的主要目的还不是解释现象，而是通过对人类现象的解释、阐释或辩证的思考得出具有启发性的结论，从而引导人类行为不断迈向文明和高远的境界。

马克思有句名言：哲学家忙于解释世界，而问题在于改造世界。这句话尤其适合社会科学或经济学。我们研究自然科学，譬如研究基本粒子的运行规律，并不能指望改变基本粒子的行为轨迹，因为基本粒子并没有"意志自由"或"自由意志"。大物理学家费曼曾经感叹说：假若基本粒子有感情，那么物理学将会变得多么复杂啊！人们利用自然科学的伟大发现来创造崭新的科技成果从而改善人类生活，与社会科学或哲学、艺术、宗教通过改变人的思想、思维，陶冶人的性情，从而让社会变得更加文明和谐和高尚优雅，是完全不同的改造社会的方式。自然科学改造世界并不牵涉到改变自然或基本粒子的"本质"或"本性"，社会科学或经济学改造世界则必然牵涉到改造或发现人性的本质或人心的本质。一切伟大宗教和哲学的最终目的是启发和激励人类"向善"。"大学之道，在明明德，在新民，在止于至善。"大哉斯言，富哉斯言！实为一切社会科学之共同目标和终极追求。为达此目的，我们就不能不深入研究人性的本质，就不能不对人性是否自私或者自私究竟是何种意义给出明确答案，而不能仅仅作为一个方便的假设。这亦是自然科学和社会科学的基本区别之所在。

　　还有经济学家辩解说，自私假设只不过是"人类行为是具有目的性或方向性的行为"的另外一种说法。人的行为具有目的性或方向性，不是随意任性、杂乱无章或者是低级动物那样的本能反应。作为智慧生物的人类区别于其他生物或动物的本质特征就在于人类行为具有目的性。奥地利学派大师米塞斯的名著《人的行为》（亦有翻译为《人类行为》）第一章开篇就仔细论述人类行为的目的性。

　　　　然则，我们仍然需要问：人类行为之目的性从何而来？为什么动物行为只是本能反应而人类行为却具有目的性？更应该深入问：为什么处于同一环境下，一些人可以发起高尚和高贵的行为，另外一些人却发起卑劣、下流、无耻的行为？

米塞斯对此并没有深入系统之讨论，他只是简单强调人类行为是有目的的行为而已，以此为出发点去研究人类为达此目的如何选择各种可能的手段，即将经济学改造成为一门个人选择的科学。

伦敦政治经济学院的宗师列昂·罗宾斯亦持此种观点，他将经济学视作一门选择的科学，此选择不是探索人类为何选择此目标而不选择彼目标，而是探索目标既定之后，如何选择各种手段，或者在多种可供选择的手段里，如何选择最优的手段以达到目的。米塞斯和罗宾斯之后的经济学巨擘萨缪尔森，则将经济学简化为一门追求最大化的科学，利用微积分求解最大化、线性规划或最优规划等数学方法成为经济学的主要工具，哲学思考和价值探索则几乎完全消失。

然则，人类为何选择此目的而不是彼目的，难道不是更重要的研究课题吗？人为何选择高尚目标而不是卑贱目标，人为何选择恶经济而不是善经济，人为何能够志存高远而不是鼠目寸光，人为何单纯追求金钱而不是追求金钱之外的高尚目标？易言之，我们当然同意人类行为是有目的的行为，但是我们需要追问：人类行为之目标从何而来？难道人类或每个人追求的人生目标不是源自人性之善或人性之恶或人性的某种本质吗？果如是，我们如何能够简单地以人性自私来概括经济学的全部基础呢？

经济学家还可以辩解说，人类行为或人类选择的目标亦是由外部因素所决定。设若人的目标皆是由外因来决定，那么人的主观能动性或人的自由意志又有什么意义呢？自由意志的精髓应该是说人类能够超越或摆脱外部因素之缠绕，独立选择自己的人生追求或人生目标。所谓独立之精神，自由之思想是也。事实上，古往今来人类一切伟大成就，皆是伟大人物矢志改变现有世界之结果，假若人之行为完全跟随外部因素而随波逐流，又如何能够推进人类社会不断超越以往、向前迈进呢？人类社会之伟大变革，无论是科学技术之伟大变革，还是政治经济制度之伟大变革，首先源于超越时代的思想变革，那划时代的伟大思想变革（譬如现代民主自由之政治思想，科学时代之兴起，19 世纪和 20 世纪物理学的革命性进步，等等），如何能够说完全是外部因素刺激之结果呢？实际上，人类历史上伟大的思想进步皆是人类理性之自我精进、人类精神之自我超越、人类思想之灵感闪耀，而并非对外部刺激的简单反应。英国历史学家汤因比以"挑战和应战"来概括整个人类历史之演变，失之偏颇和浅陋。哲学家黑格尔将人类文明和历史演变看作人类精神发展史，是人类精神辩证的演化和超越，则是超凡脱俗之洞见。

人性自私假设最大的麻烦是，它无法解释最重要的经济现象，亦无法推导出能够解释人类最重要经济现象的假说。人类最重大的经济现象是什么？那就是人的创造性经济行为，就是面向未来的创造行为。本书卷二对此已有详细论述。

第一章

新古典经济学是无本之学

我所倡导的新经济学与主流经济学（新古典经济学）之本质区别，要而言之，约有三端：

其一，设若我们承认人类一切活动（自然包括经济活动在内）是在价值领域的无尽探索，是为了追求人生或生命的价值，那么，仅仅依靠解释现象或推测现象（实证经济学的基本目标），则无法理解人类经济生活的本质。因为无论我们对现象的解释如何精确和深刻，对现象的推测如何明确和精准，我们都无法从现象本身发现价值之源，亦即我们永远无法通过对现象的解释和推测寻找到人生的基本方向和生命的安顿之所。

其二，经济学作为一门人的学问（人学），不能只以解释现象和推测现象为已足，不能不关注和讨论超越现象界的问题或形而上学的问题，尤其是经济学者不能不对价值问题给予最高的重视，否则，经济学将成为一个漫无目的、没有灵魂的"无本之学"。事实上，任何经济学者即使只关注所谓现象界的解释和推测，其心中总是若隐若现地闪烁着一种崇高的期望或愿景，那就是寻找到理想的人类经济秩序。古典经济学家心目中理想的经济秩序是能够实现"最大多数人的最大利益"的经济秩序。但仅仅解释和推测现象，没有对超越现象界的重大问题（价值之源）的深刻理解，我们是无法企及理想的人类经济秩序的。

其三，实证经济学或经济科学的全部目标是为了寻找或发现人类经济体系演变的内在规律。仅仅致力于解释和推测经济现象，并不能发现人类经济体系根本的内在规律。现象界的规律必定有其内在的根源，此根源并不在现象界本身，而是根源于创造性，即根源于人的内在本质或创造性本质。解释和推测现象的艰巨复杂工作，或可帮助我们感觉到那根本性规律的存在，却无法帮助我们真正寻找到根本性规律。现象界所发现的规律都只是暂时的规律，生灭灭生，新新不已。现象界规律的成立都具有前提或条件，都不是普适的规律。我们希望寻找的则是人类经济体系内在的超越的规律，即没有任何条件和前提约束的绝对规律。现象界的规律只是那超越的绝对规律在不同的时间、地点里的不同表现形态。

以此言之，主流经济学（新古典经济学）实为无本之学。主流经济学历数百年发展，高手云集，天才辈出，构思精密，逻辑井然，理论繁复，模型超绝，堪称具有"百官之富，宗庙之美"的庞大学术体系，且又是经世济民的显学，焉得指斥其为无本之学？毋乃指斥太甚乎？读者若依以上三端衡论之，则知吾说主流经济学是无本之学，实非妄言。

经济学欲成为真正的经世济民之学，必以儒圣"己立立人，己达达人；己所不欲，勿施于人"为根本精神和血脉依存，必以儒圣"民胞物与，内圣外王；范围天地，曲成万物"为根本格局，必以儒圣"物我无间，智周万物"为根本方法，必以儒圣《易经》"首出庶物，天下咸宁"为根本理想，如此方为有本之学。以儒圣根本精神为精神血脉之经济学，绝非与科学的经济学或经济科学相互矛盾，相互排斥，相反，有儒圣正盈之教为精神血脉，经济学才能真正成为彻天彻地、贯通古今的经世之学，方能避免经济学成为一隅之学、一方之教或偏执之教。儒圣德性之知和见闻之知，佛家根本智和后得智，新儒学宗师熊十力先生所倡导的性智和量智，原非相互矛盾，相互排斥，而是相互融合，相辅相成。有德性之知而无见闻之知，则不免陷入空疏和清谈；有见闻之知而无德性之知，则不免堕入支离和误区，失去经世济民之本来方向。

熊十力先生曾经引用某西哲一言以述说儒圣思想："最伟大的思想，必是传统的思想。"十力先生认为传统的思想必满足三个条件：其一，此等思想，必非限于某一部门的知识，而是对于宇宙人生诸大问题，特有解悟，因此能启示人类以超脱尘凡、至高无上、圆满无缺的理想生活。其二，此等思想，必非限于一时一地，或对某种流弊为矫枉过正之倡导，而其所发明之道理，确是通古今中外而不可易的。其三，此等思想，有大思想家创之于前，亦必时有大思想家继之于后，前后互相印证，虽或不能无小出入，如见仁见智见浅见深之殊，但其根本精神，恒相一致。[①]

依此，十力先生说吾华夏儒圣思想（孔孟之道）为传统思想。此一论述，意蕴极其深远。盖一切人学（一切有关人的学问。实际上，天底下一切学问莫不与人相关，皆是人的学问，皆为人之所学，故此处所说，实则涵盖一切学问）必然或必须以十力先生所谓"传统的思想"为根本精神或灵魂血脉，盖人间一切学问之终极归宿皆是启示人类超凡脱俗、趣入高尚的灵性生活之境。自然科学亦不例外。

通途所论，自是将自然科学列为"人学"之外，以为自然科学无关人类情感或价值观。此固是肤浅之论。自然科学与一切社会科学一样，皆是"人学"，皆必然或必须以儒圣传统思想为根本精神或血脉灵魂。

其一，自然科学或一切关乎自然现象的见闻之知，原本就是人之本心之知体明觉的发用或功能之彰显，即是人类本心之必然的趣向或本质的功能。人类作为最高级的灵性生命形式，对宇宙万事万物具有天然或必然的好奇心。此好奇心就是人之本性之知体明觉之表现形式。人类对自然物理现象之探索，无论出于改造自然以利用自然之目的，还是出于纯粹的好奇心，要皆源自人之本性之灵性生活功能之体现。一切人学皆源自人心，自然科学是源自人心之人学一支，故自然科学乃是天然或必然的人学也。

其二，自然科学以探索物质世界或宇宙或生命的起源、演化和归宿为根本目标，此乃人类精神最伟大之使命和愿景，人类有史以来一切科学成

---

① 熊十力. 熊十力论学书札 [M]. 上海：上海书店出版社，2009：247-249.

就，无不以破解宇宙自然和人类生命之奥秘为终极目标。然而，数千年前古圣贤哲就已经认识到，穷理到究极处，一切向外求解或解析或分析或实验或实证之方法，皆必然陷入困穷之绝境，所谓心行路绝，言语道尽。欲真了解宇宙和生命之根源，只能反躬自省，反求诸己，逆觉体证，亦即向人之本性或本心来体证或体验宇宙和生命的本质或本源。此中真有千言万语，无法细说。

是故十力先生说，一切理论学说穷理到究极处，必然以信念为基础，舍此别无其他任何基础或根源。信念者，人心之所发也，人心之灵感焕然也，人心之本源的启示也。今日物理学之最前沿发展，即认为宇宙和生命之本源乃是人的意识！古圣贤哲很早就体认出终极真理，亦即十力先生所反复申说的"心物不二、体用不二、质能不二、吾人生命和宇宙大生命不二"。① 西方顶级科学家如爱因斯坦、温伯格、考夫曼等人亦皆明确体认到，自然科学之"解释箭头"一直追溯下去，亦必然追溯到那个神秘的"第一推动力或原初推动力"，此第一推动力或原初推动力可以名之曰上帝、造物主、神圣秩序、自由意志等，此就是十力先生所说"一切学说的终极必以信念为基础也"。以此而论，自然科学亦为人学，必无异议。

其三，自然科学之发展方向及其成果之利用，必定需要儒圣先哲传统思想之指引，否则自然科学之成果或利器必然为人类所误用、滥用而为戕害人类之最危险武器。古往今来，一切战争或人类相互戕害之惨剧，莫不源自人类思想之陷入黑暗、极端、荒谬之深渊。今日人类依然时刻面临着核武器、化学武器、网络武器等各种先进武器之威胁，列强纷纷发展各种尖端武器以备进攻和防御。呜呼！自然科学之伟大发明和创新，原本能够

---

① 熊十力. 新唯识论 [M]. 北京：中国人民大学出版社，2006："赞语".

助人类生活迈向富裕繁荣之境。有学者计算，倘若今日世界各国皆能永久和平相处，各国庞大军费开支皆用于改善民生，则人类至今依然困于赤贫之境的数十亿人则有望脱贫。今日人类各国、各种族之间依然普遍存在各种仇恨、敌对、不信任，所有这一切，皆出自人性自私之丑恶根源。

人类进步向上之真几，要在克制此自私自利和仇恨敌对之动机，否则，人类科学之进步不仅不能助推人类迈向富裕、和平之幸福生活之境，反而将导致人类集体大毁灭。自然科学失去儒圣传统思想和智慧之指引，则必然堕落为相互戕害和自杀之恐怖黑暗之工具。爱因斯坦晚年不辞辛劳地为消除核武器、为世界和平奔走呼号，且为自己发明著名的质能转换公式而后悔。哀哉！人类何故自我迷暗、愚昧、自私自利到如此地步？美国学者斯诺 1959 年发表雄文，点出两种文明之冲突。实则依华夏儒圣先哲之正盈之教，德性之知必为见闻之知之主导或主宰，见闻之知（一切科学皆为见闻之知所概括）必以德性之知为皈依。今日世界，人人皆当以儒圣德性之知为人生之大本，为生命之归宿，否则无论有多么伟大之科学发明，有多么巨额之财富，亦不能寻找到人生本来生活之家园。

自然科学必然为"人学"，道理已如上述。一切社会科学必然为人学，自不待言。经济学为社会科学之重要门类，焉能不以儒圣先哲传统思想为指南和皈依？以此为指南和皈依，则为有本之学，无此指南和皈依，则为无本之学，此乃普通常识，原本无甚奇特处，惜乎西洋经济学数百年之发展，若站在其自身体系内观之，理论之精严，解析之细密，实证之广博，无不给人以"百官之富，宗庙之美"之崇高庄严之感。

然而，若衡之以儒圣先哲（实乃古往今来古今中外一切先哲之所共契）之正盈之教，西洋经济学实乃无本之学，盖因其始终坚守所谓自私假设，将人之行为模拟为（或处理为）自私动机下的所谓效用最大化（或利润最大化），虽不无洞见或启示，却未能洞悉人类经济发展之本源动力——人性或人心的创造性真几或创造性本源。

以自私为基本假设之西方经济学，不仅所谓"科学的解释力"乏善可陈，而且根本无从解释人类历史上真正重要的经济现象或经济事实，根本无从解释人类经济增长或财富创造的根本动力，根本无法解释人类经济体系动态演化周期性历程的背后根源，亦无法为人类经济向未来的跃进提供有价值的政策建议和制度变革方案。

易言之，以自私为基本假设的主流经济学，将人类视为所谓理性计算的经济人或经济动物，此乃对人性或人心本质的极大误解。无论经济学者如何解释所谓自私假设，无论经济学者如何申说自私假设只是一个假设，无关经济学之宏旨，都无法否认自私假设为主流经济学立定了一个基本的方向，将我们观察人类经济行为之注意力彻底盯在所谓的效用最大化或利润最大化或市值最大化这一褊狭或偏执的方向上，导致我们不能从创造性真几或创造性本源的角度来考察研究人类经济行为，导致我们将人类经济体系里或经济现象里真正重要的现象或事实排除在经济学研究范围之外。

第二章

人心的创造性

人心的创造性：一心开二门的基本架构

新经济学的全部内容皆源自一个最基本理念：人心的创造性，创造性才是人作为人最内在的本质。本章从一般意义上概述人心的创造性，随后各章则分述儒家和佛家对人心创造性的深刻洞见。

东方智慧皆以"心"之探索、超悟、顿悟或渐悟为最基本、最重要、最核心、最有趣之课题，实乃东方智慧最高明、最令人心折、最引人入胜、最具创造性、最富启发力的殊胜之处，亦必定是人类一切学问之终极归宿、人类一切学问未来努力之基本方向。

象山曰："心外无物，道外无事。"① 人类学问岂有他途乎？纵观古今，儒释道三家皆对人心或人性之本质多有发现或发明，较之西洋智慧和哲学思辨，其高远超绝和渊深博大，实不可同日而语也。然则，西方学问以向外求理或格物致知为主要进路，日积月累，终于点燃现代科学大繁荣的辉煌时代，照亮了人类开发自然、探索宇宙之康庄坦途，此成就之宏大惊人，亦东方智慧所不可同日而语者。东西方智慧皆沿各自擅长之进路，筚路蓝缕、披荆斩棘，不断攀越知识和智慧之高峰，东西方智慧各有擅长，奇峰突出，为人类文明开出绚丽多姿之花园，为人类未来开启无限光明之前景。

东方智慧以反求诸心、反求诸己为主要进路，以探索人心或人性之本质为主要目标，亦未否定向外求知。是故《中庸》有曰：尊德性而道问学，致广大而尽精微，极高明而道中庸。西方智慧以向外求理、格物致知为主要进路，以探索自然万物之规律为主要目标，亦未完全否定反求诸心、反求诸己，是故西洋哲学演进至康德，即渐渐回归人心或人性之本质。

---

① 本书以下所征引之陆象山语录，皆出自《象山先生全文集》，商务印书馆印行，中华民国二十四年十二月初版。余下不再赘述。

康德力倡"知性为自然立法",提出"意志自由、灵魂不灭、上帝存在"三大著名公设,阐扬实践理性高于思辨理性之精辟论断,主张真正的道德必定且只能是自律道德,如此等等,皆是对人性或人心本质之深刻创发。易言之,反求诸心、反求诸己之内省之路,必定要走上格物致知或探求自然规律之途,人心或人性天然注定要探求自然宇宙之理,此乃人性或人心之创造性或创造力之必然,所谓溥博源泉,沛然莫之能御。

同理,向外求理、格物致知之外延之路,亦必定走上反求诸己、反求诸心之途,盖宇宙自然一切规律或真理,推演到终极,必定是人性或人心之理。善哉妙哉,东西智慧,殊途同归,实乃人同此心,心同此理,天下万物,人间万象,终极之理,唯有一个,那就是心之理。大哉!《易·系辞下》有曰:天下何思何虑?天下同归而殊途,一致而百虑。

今日人类社会之一体化或全球化可谓一日千里,进展神速,所谓地球村不再是科幻小说之预言,实乃人人得以亲历之事实,从经济、贸易、金融、政治、军事、外交等诸现实物质生活层面观察,划分东西方已无必要,小小寰球已成一体。今日虽有逆全球化或反全球化之说,亦实有逆全球化或反全球化之部分潮流,然而全人类大融合之趋势实不可阻挡。

东西方学术精神和智慧方向亦必将开启真正的大融合,以成就人类共有之新文明。此亦是事有必至,理有固然,非个体意志可以左右。东西方智慧方向和学术精神之融合,终极理想即是《中庸》所标举之"尊德性而道问学,致广大而尽精微,极高明而道中庸"。东西方智慧方向和学术精神之大融合,亦必定以人性或人心之创造性为核心或圆点,舍此无其他任何圆点或起点,舍此亦无任何其他之归宿。此理只是一个理,唯一的一个理,舍此别无他理。

以人性或人心的创造性为核心或圆点,以"一心开二门"——人心同时开道德创造性之门和知识创造性之门——为基本理境架构，人的创造性则涵盖自然宇宙、人间万象之全部现象，概括自然宇宙、人间万象之全部真理。此二门——道德创造性之门和知识创造性之门——若依儒圣先哲之义理语言言之，则是尊德性之门和道问学之门；依照佛家义理语言言之，则是清净门和生灭门；依照康德哲学义理语言言之，则是思辨理性之门和实践理性之门或经验知识之门与道德知识之门。

人间一切，千言万语，不过做人与做事。做人者，必开道德知识或智慧之门也；做事者，必开现象知识或经验知识之门也。千辙万途，起自原点；千壑万流，必归大海。"一心开二门"之义理架构，原本是佛家《大乘起信论》所创发，牟宗三先生将其扩展为人类一切哲学思想之基本原型，实乃人类一切知识之基本原型。宗三先生阐扬之功，不可磨也。

吾今日标举人心之创造性以解释人的经济行为和人类经济现象。同样以一心开二门之义理架构言之，则分为人心之道德创造性和人心之知识创造性。若依照儒圣先哲所创发的义理规模言之，人心之道德创造性就是"内圣"，人心之知识创造性就是"外王"。内圣和外王即是人心所必然要开出的智慧和知识二门。儒圣先哲心学于"内圣"发明独多，于"外王"则明显不足，是故儒圣心学始终未能开创出科学之时代和民主之格局。

西方智慧以格物致知、对外求理为主要进路，故于"外王"发明独多，开创出席卷整个人类的科学大时代和民主制度的政治大格局。相反，西方智慧于"内圣"则明显不足，是故自17—18世纪科学大时代开启以来，西方思想先后被天主教神学、新教神学（路德和加尔文派）、怀疑主义和不可知论、尼采的"上帝已死"论、存在主义、实证主义、分析哲学所主导。

今日人类所急需者，正在于将人心的道德创造性和知识创造性合二为一，以创发或开辟人类新文明。此正需东西方文明和智慧的相互借鉴、相互学习、融会贯通。

康德论人心的道德创造性

康德曾经论述人之三种才能，其有意趣，兹引述如下：

我们可以方便地将人之向善之才能分为三项，三项之分是就其目的（功能）而分者，此三项乃是人之定性之组成部分。三项之分如下：第一项才能属于人之为一有生命的存有之动物性者；第二项才能属于人之为一有生命而同时又是有理性的存有之人情性者；第三项才能属于人之为一有理性的而同时又是负责的存有之人格性者。

属于人之动物性的才能（本能）可概括于物理自然而纯机械的自利之统称下，即是说，这类的才能不需要有理性。这些才能可有三重：第一，一个人自己之自我保存之才能；第二，其族类之繁衍以及其子孙之保存之才能；第三，与他人沟通即社交合群性之才能。

（引者注：此类才能即纯粹的动物性本能，人有之，其他动物亦有之。）

属于人之人情性的才能可以概括于物理自然而却是较量的自利（此需要理性）之通称，即是说，这种才能是只依与他人相比较而估计一个人自己之为幸运或不幸运之才能。①

（引者注：此类才能，康德称之为人情性之才能，实际上可称之为社会性之才能，即人作为社会性动物必然具有的一些能力，譬如计较名利得失、计较价格高低、竞争或争强好胜，并因此产生嫉妒、羡慕、

---

① 转引：牟宗三．圆善论 [M]．长春：吉林出版集团有限责任公司，2010：57-59.

爱恨情仇等各种复杂的社会性情感和思想。此类才能需要某种理性。新古典经济学所说的理性经济人之理性就属于此类才能。）

属于人之人格性的才能即是能够尊敬道德法则之才能，此所谓尊敬道德法则即是一种其自身为足够的自由决意之动力，或者其自身即为自由决意之足够的动力，亦即无须假借感性或对象或为什么等原因来决意，人自身即足为自由决意之动力，且此自由决意必定能够尊敬道德法则，此种才能便是属于人的人格性才能。[①]

（引者注：人具有自由决意之能力或自由意志，且此自由意志又必定能够尊敬道德法则。康德将此种才能称为人格性才能。康德此处所说即是孟子两千年前所弘扬的人性善。然而康德所用语言诘屈聱牙，颇为费解，未若孟子言性善之高明俊朗、亲切动人。此正可见东方智慧和西方智慧之不同。）

康德总结说："如果我们依照此三种才能（性能，预有之性向）之可能性之条件来考量此三种才能，则我们见到第一种不需要有理性；第二种基于理性，此理性虽是实践的，却服役于其他动机；第三种须以理性为其根，此作为根之理性单以其自身即是实践的，即是说，它是无条件地立法的。"[②]

此处康德所说的"无条件地立法的"理性，实际上就是吾人所说的人心的道德的创造性。依照康德所说，此种理性或道德的创造性既不依赖感性，亦不依赖对象，亦不需要问为什么。理性自身就是它的动力。易言之，人自身就是道德创造性之原动力，本自具足，不假外求。

---

① 转引：牟宗三 . 圆善论 [M]. 长春：吉林出版集团有限责任公司，2010：57-59.
② 转引：牟宗三 . 圆善论 [M]. 长春：吉林出版集团有限责任公司，2010：57-59.

作为人的共同本质的理性或创造性

道德意义上的理性是人的共同本质。康德此处只论及道德意义上的理性，亦即实践理性，吾人称之为人的道德创造性。康德的《纯粹理性批判》则专门论述人的纯粹理性，亦即经验知识意义上的理性，吾人称之为人的知识创造性。

要而言之，"理性"这个人的共同本质就是心的无限创造性，精神的无限创造性，这个本质的共同规律就是无限创造性的内在规律。心之无限创造性或精神之无限创造性的内在规律是宇宙自然和人类社会的最高规律，它们表现为无限多样的具体规律和法则。迄今为止，人类所发现的一切宇宙自然和人类社会规律都必然统一为这个最高的本质规律。精神和物质原本是一不是二。爱因斯坦著名的质能转换公式石破天惊，首次从数量上揭示了宇宙自然的高度统一性，物质是能量，能量是物质，二者原来是一不是二。

科学家进一步深入探索物质的本质和能量的本质，最终发现物质和能量的本质就是精神，精神或心的创造力才是物质和能量的最后本质。中国古代圣哲以阴阳来综括宇宙自然和人类社会的本质，阴代表物质，阳代表能量或精神，阴阳互相转换是中国古代圣哲对宇宙自然规律的高度概括，由此发现宇宙自然和人类社会演变最基本的规律（如循环往复、否极泰来所概括的宇宙自然和人类社会的周期律），由此亦发现人之本心、生命或精神生生不息的内在本质（天行健，君子以自强不息）。从抽象思想层面上看，中国古代圣哲的阴阳转换和爱因斯坦的质能转换具有异曲同工之妙。

19 世纪热力学的伟大成就是发现热力学的四大定律，这些定律同样决定和支配着人类社会历史的演变。当然，爱因斯坦质能转换定律和热力学第二定律如何支配人类经济和政治历史演变，如何能够很好地解释人类经济、政治和社会的诸多重大现象，我们至今还没有系统和深入的认识。

深刻认识人的创造性本质

人心的创造性或创造力是人的一切行为之本质的根源。理解和解释人的一切行为，首先必须深刻认识人的创造性本质。

人类行为既有超越的根据，亦有经验的对象。人类行为非全属于经验层面者，是故实证经济学或经验科学虽有其卓绝贡献，亦有其内在不足。若不深刻认知人类行为之超越的根据，则无法真正认识人类行为之本质的规律。经验之规律并非必然之规律。盖必然的规律必定是超越的规律，经验对象则只是超越的规律运用之对象，依其运用或体现之程度，超越的规律针对不同的经验对象则有不同程度和不同形式之表现或显现，此亦不局限于人类经济和社会现象之规律，自然物理现象之规律亦然。

进一步言之，所谓规律之概念，必须深入解析之。若将规律理解为命定式的或必然如此者，则与人的自由意志完全矛盾，须知自由意志乃是人作为一理性的存在物（或作为迄今为止所知最具灵性之存在物）之最基本特征，设若人没有自由意志，则人与草木瓦石无异也，何得有资格成为有理性的存在物呢？自由意志和所谓规律如何协调一致，自由意志以何种方式发挥作用，此是我们讨论任何规律和人类行为时必须解决的一大问题。

所谓自由意志究竟什么内涵，亦是必须正视之重大问题，不能仅仅将自由意志作为一名词而置之不理，亦不能如康德那样仅仅将自由意志作为实践理性之一设准①。环顾自身，眼观世界，吾自身和他人之行为无不时刻体现自由意志。"我欲仁，斯仁至矣。""万物皆备于我，反身而诚，乐莫大焉。""苦海无边，回头是岸，放下屠刀，立地成佛。""独与天地精神往来。"如此等等，皆是自由意志之最高体现。设若没有自由意志，人何以能够自立鸿鹄之志，人何以能够成圣成贤，成佛悟道？没有任何所谓客观规律必然或必定让人成圣成贤或成佛悟道。然则经验世界里，确实具有某些或许多所谓"客观规律"者，人不仅不可忽视之，而且必须顺应之，利用之。人之行为之超越的根据（自由意志）与所谓客观规律之关联或关系，是本书所论及的一个基本主题，关键理念则是人心之无限创造性。

超越规律和经验规律本质上是同一。生命的本质是熵减②，熵减的本质则是内在精神的力量，是人心或生命的力量。宇宙之心即自然之心，即人之本心。人类一切学问归根结底只是探索一个问题，一个最本源的问题，那就是人性或人心的内在规律，亦即精神的内在规律。宇宙自然、天地万物、人类社会之一切，无不是心之创造物，宇宙之心之创造物，天地之心之创造物，自然之心之创造物，人之本心之创造物，一切的本质是一不是二。它们必然服从统一的规律，自然规律和人类社会规律原来是一不是二。迄今为止，科学家发现的宇宙和自然规律同样支配着人类社会的历史演变。科学、哲学、经济学和其他一切学问之间的对话就是要发现那个共同的本质和本质的规律。

---

① 设准是康德确定上帝作为至善提出来的类似于"公理"的准则，如"上帝存在"、"灵魂不灭"和"自由意志"。——编者注

② 熵是一个抽象的物理学量，其物理意义代表系统的无序程度，无序程度增加，则熵增，反之则熵减。——编者注

人类一切创造皆是人心之创造

自有人类以来的一切创造皆是人心之创造，此乃一个最基本的事实。举凡宗教哲学、思想文化、典章制度、科学技术、日用万物，皆为人心或人类精神之创造物或体现物。人心之创造性或创生性乃是人类一切变化或进步之源泉，无论是制度演变还是经济增长，基本秘密乃是人心之起心动念。经济学者平素所谈论的增长动因——人力资本、科技发明、资本积累——其实是经济增长之结果，不是原因，原因是人心或人性之创造性或创生性。纵观人类历史，宗教哲学、思想文化昌明之时代，亦是典章制度持续改进和物质财富持续增长之时代，更是"人类群星闪耀之时"，无论是吾华夏诸子百家争鸣时代、汉朝勃兴、大唐盛世、北宋文化鼎盛时期，还是西洋 17 世纪之后的科学和理性时代，皆可谓人类群星闪耀之时，亦即人性或人心大解放、大光明、大呈现、大彰显之时代。

不仅如此，宇宙万有之所以存在，亦因人心之存在，设若并无人心或并无人的存在，则宇宙万有必不存在，所谓人心灭，则乾坤毁、天地裂。佛家宇宙论即以"三界唯心，万法唯识"一语而概括之，佛家并不否定宇宙万有之存在，唯宇宙万有不离心而存在，佛家不许有离心外在或独存之境，不许有离心外在或独存之宇宙万有。吾华夏儒圣心学大宗之宇宙论与此相同，《易经》以乾为宇宙万有之元（或源），所谓"乾知大始"，即彰明此义。乾知大始之"知"实为"主"，乾知大始就是乾主大始，乾就是宇宙万有之根源，就是人之本心或超越的本心。《易经》阐明人之本心为宇宙万有之根源，理境深远无极，广大悉备，实为人类哲学思想史上最重大之贡献，惜乎今人不察。实则依照吾华夏儒圣之心学大宗，正盈之教则是心物不二，心即是物，物即是心。

《易经》为诸经之母，学术之源。孔子本《易经》标举仁心为宇宙万有之本质和根源。孟子本《易经》和孔子学说开辟出"尽心知性知天"之学统。陆象山说：夫子以仁发明斯道，其言浑无罅隙，孟子十字打开，更无隐遁；又说：宇宙便是吾心，吾心即是宇宙。至新儒学大师熊十力，则直接以心物不二、体用不二立人道之极。《新唯识论》重在"明心章"。[①]熊十力先生有云：余平生之学，颇涉诸宗，卒归本《大易》。其学术思想即以孔子标举之仁心为宗极，那生生不息、凝成万物而不物化、刚健中正之仁心就是宇宙万有的绝对本体。牟宗三先生继承熊十力先生而弘扬光大之，实为吾华夏儒圣心学最后之集大成者。是故东方智慧之共同皈依之处，乃共同体悟宇宙万有不离本心而外在，此为儒圣心学、释迦佛学、老庄道家所共契。区别只在儒圣心学所体悟之心具有创生义或创造义，佛家体悟之心（识心）非但无创生或创造之义，而且是如露如电、如幻如梦、生灭流转之虚假或虚构的心。佛家体悟之智心则是寂静涅槃，并无创生或创造之主动功能。道家体悟之真心亦无儒家所体悟的创生或创造功能，道家体悟之真心乃是与宇宙万有、万事万物一起升起，各归其位，各适其分，所谓万物静观皆自得，四时佳兴与人同。道家体悟之真心与佛家体悟之寂静涅槃之真常心有更多相似之处。此所以佛法东来，道家首迎之。要而言之，东方智慧一致体悟万事万物、宇宙万有皆不离人心而独在，皆是人心创造之或创生之或彰显之或同显之。是故东方智慧之最高境界既非唯物论亦非唯心论，乃是心物不二，亦心亦物。

宇宙万有、万事万物皆不离人心而独在，皆是人心创造之或创生之，实乃古今中外最高智慧之所共契。西方思想智慧所认知和体悟的存在主要

---

① 熊十力. 新唯识论 [M]. 北京：中国人民大学出版社，2006：166-221.

是现象界的存在或现象界的事物，宇宙万有、万事万物皆是现象。康德虽然体悟到现象和物自身之超越的区分，且相信物自身是客观的存在，但是康德否定人有智的直觉，是故纵然物自身是超越的客观存在，却不能为人所直觉、认识或体悟，所以康德的《纯粹理性批判》主要阐释人如何获得现象界的知识。

依照康德，人获得现象界的知识，需要经过三层综合，即直觉中摄取之综合，想象中重现之综合，概念中重认之综合。从感触的直觉到创生的想象到概念的统觉，人最终以各种概念和范畴给宇宙万事万物（包括人心内在的各种现象）以确定的知识，正是因为这些知识（包括还没有形成客观确定知识的感觉、直觉和想象），人才觉得或感受或认知到世界的存在。直觉之摄取、重现或创生之想象，概念或范畴之重认或客观化，皆是人心之创生性或创造性功能。是故万事万物或世界之存在端赖人心之创造性或创生性。设若人心没有感觉、直觉、想象、概念或范畴等诸多认知功能，人如何能够感受、认知或体悟到世界万事万物的存在呢？人无感觉则是麻木不仁，人无直觉则是懵懂呆滞，人无想象则是思维停顿，人无创造概念或范畴的能力则是混沌未开、知性未彰。匹夫匹妇即使智商普通、从未就学，亦能形成各种精辟甚至系统的知识，此足以说明人心之创造性或创生性乃是本自具足，不假外求。

人心创造性之二义

是故心之创造性有二义。其一是宇宙万有之存在端赖人心之存在；其二是人心自身之创发或创造性，古往今来一切所谓"人为之事物"皆是人心之创造物。

然则什么是人心？所谓人心盖有三义。其一是物理学意义和生理学意义或自然意义的人心，平常所说心脏者是也。人之心脏为人之生命机体之中枢机构，心脏停止跳动 4 分钟，人之全副生命随即停止。人之心脏如何发展演变为如此精巧复杂、巧妙无比之器官，正如人体其他器官亦如此精巧复杂、巧妙无比一样，历来为科学家矢志研究之重大课题，今日无论是心脏外科还是心脏内科手术，皆已发展到极高水平，然而每年因心脏疾病死亡者依然难计其数，如此精巧复杂、巧妙无比之器官，如何会生出如许疾病以致人的死亡？众多心脏疾病之机理和治疗办法，依然是世界各国医学界之热门课题。作为自然意义（物理学意义和生理学意义）之人心，是科学家（生理学家和医学家）研究之重要课题，却不是哲学家所需着力者。

其二是心理学意义的人心。解析和阐释心理学意义的人心，以佛家最为擅长，最为深刻、系统。佛家所谓识心其实就是心理学意义的人心，佛家诚为有史以来第一大心理学派也。"三界唯心，万法唯识"，如梦如幻、如露如电之世界现象，乃是识心或心理学意义的人心所幻化，非真非实，是虚是假。佛家以识心之幻化、生灭、流转、无生（所谓诸法不自生，亦不自他生，不共不无因，是故知无生）来说明宇宙万有之现象，尤其是以此说明人心的各种现象（人生烦恼、颠倒梦幻、生死苦海等各种说法），说明人生的无限烦恼原本虚假不实。

其三是超越意义的人心。儒圣先哲心学或道家学说所阐释的人心（如孟子四端之心），既不是自然生理意义上的人心，也不是心理学意义上的人心，而是一种超越意义或道德意义上的人心。此人心亦是客观存在，而且是最真实的客观存在，是之所以为人之本质的关键。

思想是人心最伟大的创造

人性或人心的创造力具体主要表现为思想或理念的创造力（其反面则是错误思想的破坏力）。思想是最伟大的创造力和竞争力，人类一切创造无不是思想的创造。

美国著名的计算机科学家和发明家库兹韦尔 2011 年出版的著作《奇点临近》，其前言就以"思想的力量"为题。库兹韦尔如是说：

> 直到今天，我仍然相信这样的人生观：无论我们面对什么困境——商业、健康、人际关系等问题，以及这个时代面临的科学、社会和文化各方面的挑战——都存在一种正确的思想引领我们走向成功，而且我们可以找到这种思想。当我们找到它以后，需要做的就是将其变为现实。这种人生观一直在塑造我的生活。思想的力量——这本身就是一种思想。①

思想的力量有无限丰富的含义。兹简要列举如下三点。

其一，不同层级的思想或思想的层级。人类思想本身也是一种具有层次结构的体系，其中以探索宇宙最高真理的神学（宗教）和哲学为最高级别的思想创造。

其二，思想自由为何如此重要？人类历史上最伟大的创造时代皆是思想自由之时代——诸如中国的诸子百家时代、文艺复兴、光荣革命后的英国、统一后的德意志帝国、明治维新后的日本、独立后的美国。

---

① 雷·库兹韦尔.奇点临近 [M].李庆诚，董振华，田源，译.北京：机械工业出版社，2017：vii-ix.

其三，人文思想与科学思想同等重要，或者更加重要。

心之形而上的意义和心之形而下的意义

佛家著名经典《金刚经》有云："一切贤圣皆以无为法而有差别。"此语意蕴极其深远博大。何为"无为法"？简而言之，无为法就是那看不见摸不着、无为而无不为的最高的道或道体，或者宇宙万物人生社会之最本质的根源。"一切贤圣皆以无为法而有差别"，意即古往今来乃至未来无穷时代之一切圣人、贤哲、真正的思想者或学者，他们之间的区别端在对"无为法"或宇宙万物人生社会最本质之根源的理解上有差别而已，其他的区别只是次要或附属的，无关宏旨。古往今来乃至未来无穷世，一切宗教和学术思想流派之区分或差异，最重要者只在于各个宗教和思想流派对宇宙万物、人生社会之最本质的根源之理解，对那个最本质的根源之理解之差异，决定了各个宗教和思想流派之本质的差异，其他表面上看起来的千差万别都是次要或无关紧要的。

那个最本质的根源究竟是什么呢？古往今来的宗教和思想流派发明出许多名词。依照中国哲学传统，其名词有：道、道体、天、天命、心体、性体、仁体、易体、诚体、敬体、神体、理、太极，等等；依照西方宗教和科学传统，其名词有：上帝、造物主及其秘密、宇宙的起源、终极真理、最后的或第一推动力、神圣意志，等等；依照佛教的传统，其名词有：佛、佛智、无上正等正觉、寂静涅槃、如来藏自性清净心，等等。一切伟大宗教和思想流派之所以历经时间长河的洗刷而屹立不倒，历久弥新，只因为它们对宇宙万物人生社会之最本质的根源之理解确有独特超越之处，足以豁醒人们智慧，激励人们"向上一机"，激励人们"自强不息"，激励人们向终极目标迈进。

虽说古往今来各大宗教和思想流派（宗教实为一切思想之灵感源泉）皆对"无为法"（宇宙万物人生社会之最本质的根源）有独特理解，各有所长，各具精彩，却唯有中国哲人对"无为法"的认知或智慧最为通透圆满，一以贯之，达到一切宗教和思想的最高境界——"圆善"之境。

所以者何？其一，中国思想之开端就是走"逆觉体证"之路或"内圣"之路，即直接从发明、彰显人的本心或本性出发，本自具足，不假外求，遂开辟伟大的中国智慧或哲学传统——心学传统。

心学为吾华夏智慧和思想学问之大宗，为孔孟之道之精髓，从尧、舜、禹、汤、文、武、周、召、孔、孟一以贯之，尤以孔子和孟子贡献最大，此所以象山有言："夫子以仁发明斯道，其言浑无罅隙，孟子十字打开，更无隐遁，盖时不同也。"依照中国圣哲所开辟的心学传统，"无人能由格物穷理言天命实体，亦无人能由格物穷理来肯认上帝，亦无人能由格物穷理来了解吾人之内在的道德心性"（牟宗三语）。数千年中国思想大家里，唯有程颐（伊川）和朱熹主张以格物穷理之路来肯认天命实体、肯认上帝、肯认吾人内在的道德本性。

其二，西方思想传统之发端就是走外部顺取之路，即希望由格物穷理之路来肯认天命实体、肯认上帝、肯认吾人内在的道德心性。此所以古埃及和古希腊思想大师们一开始就注重"格物穷理"（以物理学或自然科学为代表），注重逻辑和数学，遂为后世西方伟大的科学传统开辟端绪。西方思想的这个进路当然极其伟大，所获得成就极其辉煌，到18世纪之后遂造成科学成果和科学思想征服世界之大潮流，西方中心论或欧洲中心论由此兴起。

然而，直到18世纪西方哲学大师康德崛起，才开始体认到"格物穷理"之路无法肯认天命实体、无法肯认上帝存在、无法肯认吾人内在的道德本性。康德就此对西方哲学思想进行了根本性的扭转，即直接从个人主体上来阐释或肯认人的内在的道德本性。这就是康德的伟大之处，此所以康德为西方哲学思想史上的最高峰。康德将"上帝存在、灵魂不灭和意志自由"作为三个设准，以此来说明人的道德法则或实践理性之法则。《纯粹理性批判》的主要贡献就是说明经验知识或科学知识或实证知识的局限性或界限。经验知识或科学知识无法越过经验的限定，然而宇宙万物、人生社会之最本质的根源（依康德的术语，即上帝存在、灵魂不灭、意志自由）却是超越经验的，非科学知识所能及。《实践理性批判》的主要贡献则是说明人的道德法则或实践理性法则必须基于吾人内在或内具的自由自律的意志，不能基于任何经验领域的因果关系，尽管康德对自由自律意志的分析和说明非常不完整甚至自相矛盾，然而他能够阐明吾人内在的道德本性无法由经验知识之路来肯认、体证或了解，此在西方思想传统里可谓石破天惊。也就是说，康德终于体认到或接近认识到，吾人内在的道德本性之肯认、体证或了解只能走"内圣"或"逆觉体证"之路。当然，康德并没有为此开辟出一条康庄大道或通透敞亮的坦途，他只是从思辨理论上证明确实应该如此。

康德没有做到这一点，首先是因为他对"心"的理解与中国圣哲心学传统对心的理解大相径庭。康德大谈特谈上帝存在、无限存有（上帝或造物主）、神圣意志、睿智体或最高睿智体、智的直觉，等等，这些皆是他用以表述那最本质的根源（本体或道体）之名词术语，然而，由于西方思想传统数千年根深蒂固的影响，康德无法完全挣脱这个固有的传统，他所谈的那些道体或本体的事情，是与人完全无关的。

依照康德的观点，人是有限的存有，人没有智的直觉，人没有神圣意志，人当然没有无限心。因此，人性或人心与那个最本质的根源是脱节的，人性或人心与上帝、无限存有、神圣意志、睿智体、智的直觉等之间有一条巨大的鸿沟，人永远无法跨越那条鸿沟。虽然依照康德，人可以无限接近之，却永远无法与之完全合一。换成中国哲学的术语，康德认为，人的心体、性体、道德的本性、人的意志等，与天命实体、道体、上帝、智的直觉、睿智体等，是完全隔离或割裂开来的。因此，即使是西方思想的最高峰，康德亦没有形成中国圣哲"天命、天道、心体、性体"一以贯之的直贯体系，没有形成天命天道"为物不二，生物不测""于穆不已""生生不息"的创造性理念，更没有形成"为物不二，生物不测""于穆不已""生生不息之天命天道"就是吾人内在道德本性或本心的道德创造性之理念。

此一差别关系太大。依照康德（西方思想从未超过康德），人只有感触直觉（与智的直觉相对），只有感性意志（与神圣意志相对），只是有限存在（与无限存有相对），因此人的一切行为皆无法摆脱感性的牵扯或因果性的限制。所以西方思想家谈人的本性永远无法摆脱经验关系或因果关系的牵绊，他们总是在努力寻找人的行为背后的经验或因果关系。

实证经济学其实就是要找到决定人的经济行为背后的经验或因果关系，经济学从未超出这个范围。在西方思想传统笼罩下，也永远不可能超出这个范围。更麻烦的是，西方经济学进而将人的经济行为归结于自私动机或对效用的追求。单单局限于经验范围，从不深刻反思人性或人心或人的行为的本质，是西方经济学的第一个层面的偏向；将经济行为动机简单归结为自私动机或效用动机（功利动机）则是西方经济学第二个层面的偏向。

此两大偏向注定西方经济学是一门极其"偏至"（非正盈）的学问，不能代表人类智慧或知识发展的正确方向，尽管西方经济学由此发展起来的许多分析方法或工具（包括一些统计学方法）并非毫无用处，正如一座内在结构或设计极其不合理、不美观、不适用或者令人不舒服的巍峨大厦，其建造过程中所发明的一些建筑或设计方法（甚至包括一些建筑材料），仍然可以被借鉴或学习，以帮助我们建造真正宏伟壮丽、基础牢固、美观实用的新大厦。

其三，需要指出，单纯与西方思想传统相对照，佛教之佛理与吾华夏儒家心学传统颇有相似之处，佛家亦是"心学体系或心学传统"。

然而，差之毫厘，谬以千里也。佛家之心非儒家之心，佛家之心学非儒家之心学也。牟宗三先生说："释氏本心，圣人本天亦本心（本天即本心，非二本也），亦各本其所本而已。圣人所本之心是道德的创造之心，是与理为一、与性为一之本心。释氏所本之心是阿赖耶之识心，即提升而为如来藏自性清净心，亦并无道德的、实体性的天理以实之。"[①]

易言之，释氏和儒圣皆言心，然二者对心之认知和体悟则大异其趣，虽乍看起来似无二致。佛家有许多著名格言无不直接谈心，如"三界唯心，万法唯识""即心是佛，无心是道"。《维摩诘经》的主旨则是："菩萨欲得净土，当净其心，随其心净，则佛土净"；"深信清净，依佛智慧，则能见此佛土清净"。《坛经》的主要思想则是："即心成佛，顿悟见性，自性自度。"

佛教思想发展的三个主要阶段是空宗、唯识宗和《大乘起信论》所代表的真常心系统。空宗一往谈空，深远无极（熊十力先生语），空宗以《大般若经》为主要经典，《大般若经》之精髓则是《心经》和《金刚经》，《金刚经》的要义是"应无所住而生其心"，所谓破除执着，荡相遣执是也，关键亦是解决"心"的问题。《心经》直接以心命题，以明大乘空宗之精义，

---

① 牟宗三. 中国哲学十九讲 [M]. 长春：吉林出版集团有限责任公司，2010：252.

以赞般若智慧之伟大。唯识宗重点是以阿赖耶识（即识心）为一切法之依止。《大乘起信论》则发展出如来藏自性清净心或真常心系统，并且提出"一心开二门"之新理境或哲学思想架构。由此可见，我们可以说整个佛教亦是一庞大的心学体系。

然而无论是般若智慧所谈的"应无所住而生其心"，还是唯识宗所谈的识心，还是《大乘起信论》所发明的如来藏自性清净心或真常心，与儒圣先哲所开创的心学大宗所体悟或认知的心，则有一根本的或本源的或根源性的区别，即：佛家所谈的心要么是生灭流转、缘起性空之"生灭法"的识心或者染污的心，要么是寂静涅槃之如来藏自性清净心或真常心，两者都不能起道德和知识的创生之用，佛家所谈之心，重点落在空无自性、生灭流转（识心）以及寂静涅槃（真常心）之上。

儒圣所谈之心，重点则是"维天之命，于穆不已""天地之道可一言而尽也，其为物不二，其生物不测""乾知大始，坤作成物"，是具有道德和知识创造性或创生性的"心"。生天生地、创生万物、生生不息（《易·系辞》有言："生生之谓易。"）、健行不已、于穆不已、为物不二、生物不测，等等，皆足以刻画儒圣心学大宗所创发或发明的心的本质。

相反，佛家所谈之心则完全落在寂静涅槃之上，根本没有创生、创造、生生不息之义，是故熊十力先生说佛教有反人生、反生命之趣向。故佛家为出世之教，儒圣则是融贯天人之学。

熊十力先生尝言："出世之教与融贯天人之学，分明是对于宇宙人生根本问题而各有看法不同。综观三藏十二部经，总是悲悯众生流转生死海，起无量惑，造无量业，受无量苦，故乃誓愿拔出，令趣寂海。一切外教都无如是出世义，此乃人类思想界之最空脱、最奇亦最有趣者。

"儒者融贯天人之学，明万有资始于备万理、含万德、肇万化之一元，所谓乾元。乾元遍为万物实体，即于一一物而皆见为乾元，是故于器而见道，于气而显理，于物而知神，于形下而识形上，于形色而睹天性，于相对而证人绝对，于小己而透悟大我，于肉体而悟为神帝。彻乎此者，不独无生死海可厌离，实乃于人间世而显天德。人生日新盛德，富有大业，一皆天德之行健不息也。范围天地之化，裁成天地之道，曲成万物，辅相万物，极乎天地咸位、万物并育，一皆天德之健行不息也。"①

熊十力先生此处所说的"健行不息的乾元"就是吾人所说的具有无限创造性的心。

心、性、命、理一以贯之，融贯天人，天人不二，此为儒圣心学大宗之要义和精髓。阳明后学弟子罗近溪有一段话说得最妙：

夫易者圣圣传心之典，而天人性命之宗也。是故塞乎两间，彻乎万世，夫孰非一气之妙运乎？则乾始之，而坤成之，形象之森殊，是天地人之所以为命，而流行不易（已）者也。两间之塞，万事之彻，夫孰非妙运以一气乎？则乾实统乎坤，坤总归乎乾，变见之浑融，是天地人之所以为性，而发育无疆者也。然命以流行于两间万世也，生生而自不容于或已焉，孰不已之也？性以发育乎两间万世也，化化而自不容于或遗焉，孰不遗之也？是则乾之大始，刚健中正，纯粹至精，不遗于两间，而超乎两间之外，不已于万世，而出乎万古之先，浩浩其天，了无声臭，伏羲画之一，以专其统，文王象之元，以大其生，然皆不若夫子之名之以乾知大始，而独得乎天地人之所以为心者也。夫始曰大始，是至虚而未见乎气，至神而独妙其灵，彻天彻地，贯古

① 熊十力.十力语要初续 [M].上海：上海书店出版社，2007：86-87.

贯今，要皆一知显发而明通之者也。夫惟其显发也，而心之外无性矣。夫惟其明通也，而心之外无命矣。故曰：复其见天地之心乎？（《复卦·象传》）。又曰：复以自知也（《系辞传下》）。夫天地之心也，非复固莫之可见；然天地之心之见也，非复亦奚能以自知也耶？盖纯坤之下，初阳微动，是正乾之大始而天地之真心也，亦大始之知而天心之神发也。惟圣人迎其几而默识之，是能以虚灵之独觉，妙契大始之精微；纯亦不已，而命天命也；生化无方，而性天性也；终焉神明不测，而心固天心，而人亦天人矣。①

罗近溪这一大段话的意义极为丰富。

其一，清楚阐释儒圣心学之基本义理，亦即性、命、心、知通而为一。此义理之原初的根据就是《易传》里的两句话："乾知大始，坤作成物。"所以罗近溪说《易》为"圣圣传心之典，而天人性命之宗。"心学之大宗，固非《易》莫属。吾华夏圣哲心学即以《易》为根本经典。《易》实为生命之大典，亦即心学之大典，为诸经之王，学问之母。《易》所精微阐释之学问，就是生命之学问；生命之学问，就是心学。盖心之本质，就是生命之无限创造性。

其二，清楚阐明"天地人之所以为性，天地人之所以为心"，皆源于一，皆源于乾，亦即天地人之性、之心，乃是同出一源。此最本质的根源，圣人则以"乾"概括之。所以罗近溪极力赞扬孔子以"乾知大始"来概括宇宙天地、万物生命的本质根源："然皆不若夫子之名之以乾知大始，而独得乎天地人之所以为心者也。"天地人之所以为性，只是一个性；天地人之所以为心，只是一个心。此性和心亦是同一事，只是从不同角度论说而已。

① 转引：牟宗三 . 现象与物自身 [M]. 长春：吉林出版集团有限责任公司，2010：81-82.

自其流行不已而言，曰"命"，此承天命、于穆不已而言之；自其发育无疆而不可或遗（不能被遗弃）而言，则曰"性"，性者，创发之性能也，亦即吾人所说的无限创造性。人心之无限创造性，即是天地宇宙之无限创造性。

其三，清楚阐明天地人之性或心的本质是无限的创造性。所谓"乾知大始，坤作成物"，此"知"和"作"就是心的创造性。所谓"流行不已，发育无疆"；所谓"生生而自不容于或已焉，化化而自不容于或遗焉"；所谓"彻天彻地，贯古贯今，要皆一知显发而明通之者也"，皆是宣说天地人之心的无限创造性。"显发"和"明通"就是无限创造性的显发和明通。

其四，清楚阐明吾人如何能够体悟或证悟此彻天彻地、贯古贯今的天地人之心。此体悟或证悟之方法就是《复卦·彖传》所说："复其见天地之心乎！"和"复以自知"。此"复"之功夫，博大湛深，非一言可尽也。其要义则是反求诸己、反求诸心，就是孟子所说的"万物皆备于我，反身而诚"，亦即《中庸》所极力弘扬的"诚"的功夫。此种"复"或"诚"的功夫，唯圣人能够达到完美境界，能够全体朗现之。是故牟宗三先生有曰："神圣的命、性、心（即作为大始的天心之知），每一人皆本自有之，惟圣人独能完全体现之耳。完全体现之，即为天人（神圣的人），是即'即有限而为无限也'。"

第三章 『一心开二门』和『两层存有论』

古往今来，一切圣哲之思想智慧若合符节，皆体悟到人心有不同的层面和境界。层面不同、境界不同，则人心所面对、感受或创生的世界则迥然不同。我们平常人亦知道"相随心转""境随心转"。人心或灵魂之最伟大之处，正在于"天行健，君子以自强不息"之"向上一机"。人心自强不息、生生不息，总有向上提升、趣向高明之不竭动力。孔子说："我欲仁，斯仁至矣，谁得御我哉？"孟子所谓"盈科以进，有本者若是"，又说"溥博源泉时出之，沛然莫之能御"。人心具有内在的趣向高明和智慧的不竭动力，乃是人人皆能够成圣成佛成道之先验的或超越的根据。人生最伟大和最重要的目标就是要不断精进，直达至成圣成佛成道之最高或终极目标，直达至永恒或无限之至善或圆教境界。

牟宗三先生融会中西，贯通古今，诚为古往今来圣哲思想智慧之集大成者，真乃全人类的卓越思想家和哲学家。他借鉴佛家发展巅峰《大乘起信论》首先标举的一心开二门之理境架构，将古往今来一切圣哲之思想智慧融会贯通，首创"两层存有论"之哲学智慧理境，让我们对东西方圣哲之思想智慧有了全面系统深刻的理解，为东西方哲学思想智慧之融会和未来发展开辟新途径和新理境，亦为人类新文明的创造或创生开辟正确方向。

所谓两层存有论，简而言之，就是物自身和现象的区分。对物自身而言则有本体界的存有论；对现象而言则有现象界的存有论。前者亦曰无执的存有论，后者亦曰执的存有论。古往今来，东西方圣哲之最高智慧皆能够以两层存有论之理境架构统一蕴含之。古往今来，东西方圣哲思想智慧所蕴含的"两层存有论"思想智慧各有精彩纷呈之不同语境、词语和说法，然要而言之，无论东西方圣哲之思想智慧如何演变繁复，如何精彩纷呈，如何理境深邃，如何语词深奥，最终皆趣向两层存有论之理境或境界，此乃人类最高智慧之原型或基型，无人能逃之，亦无须逃之，只能趣向之。两层存有论意蕴无穷无尽，诚可谓广大悉备，彻古彻今，通天通地。

古往今来，东西方圣哲实际上皆体悟到两层存有论之理境，唯其表述有异，或词语隐晦，或境界悬殊，或趣向迥然，皆未能明确标举出两层存有论之理境或义理模型也。西方圣哲（以康德为最显著）有所谓形而上和形而下之分、有限和无限之分、暂时和永恒之分、感性意志和神圣意志之分、感触直觉和智的直觉之分、纯粹理性和实践理性之分、现象和物自身之分、人和神之分。依照两层存有论之理境和义理模型，形而下、有限、暂时、感性意志、感触直觉、纯粹理性、现象、人，等等，皆为现象界的存有论之所涵。所谓现象界的存有论就是要说明现象界的根源和规律（演化之规律或规则）；形而上、无限、永恒、神圣意志、智的直觉、实践理性（实践理性之法则或道德法则之根据，依康德就是上帝存在、灵魂不灭、自由意志）、物自身、神，等等，则为本体界的存有论之所涵。所谓本体界的存有论，乃是对于本体或宇宙万有之元的说明、阐释或体悟。

华夏圣哲有所谓人与天之分、气质和本性之分、下学和上达之分、随顺躯壳起念和知体明觉感应之分、用和体之分、用和神之分、物（作为万事万物现象之物）和心之分、意念造作和神感神应之分、外王和内圣之分、有和无之分、迹和冥之分、缠缚有待和逍遥无待之分、有限和无限之分，等等。所谓人（指未成圣成真人者）、气质或气性（形而下者）、下学（做各种实践的功夫，了别认知万事万物）、随顺躯壳起念（相当于西哲所说的感性意志或本能）、用（即一切现象界的各种变幻无常之现象，亦包括能为吾人所用之现象）、物、意念造作、外王、有、迹、缠缚有待、有限，等等，即为现象界存有论所涵盖；天、本性、上达、道体、性体、心体、本心、知体明觉感应、神感神应、内圣、无、冥、逍遥无待、无限心或无限，等等，则为本体界存有论所涵盖，或者即是本体界存有论之内容。

依照吾华夏心学大宗之思想智慧，两层存有论之理境可以表述如下：本体界的存有论是孟子所说的"万物皆备于我，反身而诚，乐莫大焉"；就是阳明所说的"知体明觉之神感神应或照体独立"；或者如罗近溪所说的"要皆知体之明通而显发之"；或如程明道所说"万物静观皆自得"等。吾华夏圣哲对本体界存有论之说词独多，语境表述独丰富，对现象界的存有论之措辞则甚少，语境表述亦相对匮乏，对现象界的解析和阐释亦不甚在意，无全面深刻之系统，亦无有关现象界规律探索之鸿篇巨制，此所以中国心学大宗独以"内圣之学"彪炳史册，却未开辟出科学传统。

融合华夏儒圣智慧和西哲智慧总持而言之，两层存有论就人之本质而言，则本体界的存有论旨在说明或回答"人之所以为人之本质究竟是什么"或者"人是什么"。自西哲苏格拉底以来，"人是什么"始终是西方思想着力回答之基本问题，当然亦是古往今来一切圣哲致力回答的最基本问题。儒圣和佛家亦然。

东西方思想智慧亦由此分野或分道扬镳。西方思想智慧对于"人是什么"一问题之答案，主要或全部从"人作为自然的存在"出发，以找出人之所以为人的自然之理，或存在之理，或形构之理。西方圣哲总是希望找出一个"人的定义"，或者"人的自然属性之定义"，或者"人的自然构成之定义"，希图以概念范畴或定然的科学定律来说明人之生死或全体生命之起源。易言之，西哲总是或主要希图从现象或现象之规律的角度来说明"人之所以为人"或"人是什么"，因为西哲之思想智慧自古希腊和古埃及开始，就不承认人具有神性或神圣意志，只承认人是有限的存在，人只具有感性意志，人只是现象界的存在，人没有智的直觉（依照康德的说法）。

西方思想智慧从没有将人提升到神或神性的层面，因此西哲的注意力并不在于回答或说明"人作为价值之根源的存在"或者"人作为道德主体的存在"或者"人如何主要是一个道德或价值的存在"。东方思想智慧恰恰相反，东方思想智慧主要致力回答或解释"人为什么会是一个道德的或价值的存在？"或者"人如何能够成为一个道德的或价值的存在？"

从伏羲到文王、周公，到孔孟，到濂溪、明道，到象山、阳明，华夏心学大宗一以贯之，基本出发点始终未变：人首先是作为一个道德的存在或价值的存在，全部心学之教义和功夫都是要人回归本心，体认或体悟到自身的道德存在或价值存在感。人作为一个道德的存在或价值存在，是即有限即无限，具有神圣意志，具有无限心的创造性或创生性，具有无限或永恒的意义，人神原来是一不是二，人性即是神性，神性即是人性，人之心体性体即是道体神体、天命实体、诚体易体。人性或人心从现象直通或上通本体而无碍，人性上通神性而无碍，是故人性或人心乃是彻上彻下、通天通地、人神不二、体用不二，此乃真正意义上的本体界存有论。儒圣以人性或人心的道德创造性开本体界的存有论，此本体界的存有论是上下贯通、圆具地通存在界和本体界、二而一、一而二的，从人性或人心之道德创造性所开出的本体界存有论乃是真正"圆教"意义上的存有论。相反，现象界的存有论则无法上通本体界，本体界只是一冥暗、一彼岸、一设准，甚至只是一假想，人是可望而不可即的或可想而不可及的。

是故，从回答"人是什么"这个问题出发，则现象界的存有论乃是旨在回答"人如何作为一个自然的存在而存在"，本体界的存有论乃是旨在回答"人如何作为一个道德的或价值的存在而存在"。现象界的存有论只作为现象界的存有论而存在，无法上通本体界；而本体界的存有论则是上下贯通，合现象界和本体界二而一之。

佛家与儒圣之基本区别，乃是佛家主要从心理学或烦恼或识心或执（亦主要是心理学或烦恼意义上的执）的角度来说明人的存在，当然亦是从心体或心的意义上来说明人的存在。是故《涅槃经》有云："一切众生，要因烦恼而得有身，终不因身有烦恼也。"此因烦恼而有之身就是现象界的存有，现象界的存有则是"如梦幻泡影，如露亦如电"的生灭流转之存有，是缘起性空、诸法无常、诸行无我之生生灭灭的现象。当人识得本心、回归本心，即心成佛或转识成智之后，则烦恼转为菩提，执心转为无限心或智心。当人转为无限心或智心或佛心之存有时，人就成为无限的存有或佛智的存有，人即获得永恒的存在。依佛家语言言之，人即入佛国净土，证得无上正等正觉，就具有神圣意志或智的直觉了。因此，佛家之两层存有论亦是相互贯通、通而为一的。此与儒圣两层存有论并无二致，唯一区别是佛家之心体不具有道德的创造性或创生性，儒圣体悟或体认之心体则具有"于穆不已"之无限的创造性或创生性。

西哲思想智慧只停留于现象界的存有论，故西方思想圣哲们乃始终致力从现象的角度或现象之规律的角度来认识人或解释人的存在。致力于探索现象界之规律或知识，西洋科学由之而兴起，历经数百年发展，遂形成改变人类命运之科学时代，此乃西方圣哲思想智慧所创造之伟大成就也。

东方圣哲则专注如何从现象界存有转为本体界存有，即如何成圣、成佛、成真人，故现象界本身之规律则不再成为东方圣哲思想智慧之重点，甚至被东方圣哲所完全忽视或轻视（儒圣、道家、佛家皆如此）。孔孟没有发展出经验科学，自不必论，濂溪、明道、象山、阳明等，亦很少论及真正意义上的经验科学或实证科学。宋明理学"别子为宗"（牟宗三先生语）之程伊川和朱熹一派，力倡格物致知、即物穷理，"涵养需用静，进学则在致知"，亦没有发展出现代意义上的经验科学或实证科学，盖伊川和朱子所

"致知"之"知"并非科学意义上的经验知识，其即物穷理或格物致知之目的亦非发展科学知识或经验知识，乃仍然是寻找那个万事万物之所以存在之"存在之理"，或朱子所说"天理流行"之理，盖因为伊川和朱子虽然学问之路与明道、象山、阳明迥然不同，其目的却完全相同，即成就"内圣之学"或"成德之教"。内圣之学或成德之教并不依靠科学知识或经验知识或见闻之知，也不排斥或否定之，任何人都需要科学知识或经验知识或见闻之知，只不过其与内圣之学或成德之教不是本质的相关者。

两层存有论之思想智慧，佛家所开创之理境最为丰富和全面，亦最有启发性，此佛家思想之真正伟大之处也。现象界的存有论亦曰执的存有论或识心的存有论，依照佛家语言言之，乃是那诸行无常、诸法无我、缘起性空、梦幻颠倒、如露如电之现象界，只是佛家侧重从心理或人心之烦恼处演说那无穷无尽却生灭变幻、诸行无常之现象，然而其基本理境亦可运用到非心理现象，即宇宙万物一切现象也（自然物理现象）。

佛家所谓法、行其实都是指各种现象，然则佛家对心理现象和非心理的自然现象的解析亦有精略之区分，尤其对心理现象之解析极为警策，盖佛家本为出世之学说，意在超拔众生出离生死苦海，趣入寂静涅槃之极乐世界或佛国净土，故对心理现象解析尤为透彻和系统。然而佛家解析心理现象所发明的诸多术语和理境实亦可运用到物理现象或经济现象之分析中（经济现象大多是心理现象）。

佛家执的存有论或现象界的存有论有如下精妙之处：

其一，佛家如何对一切现象（法）从根源上给予说明？或者说一切现象或法有没有根源？宇宙一切现象皆由人之执心所幻化，本来没有，了无自性，宇宙万有一切现象皆非宇宙人生实相，只是识心之颠倒梦幻。一切现象最终之根源是"无"，不是"有"。尽管佛家唯识宗试图以阿赖耶识为宇宙一切现象或法从根源上给予说明，然则阿赖耶识就是识心，毕竟空无。

其二，成佛或修成菩萨道之后，是否还有现象或者是否还需要执的存有论？执着的缘起法或去掉执着的缘起法，前者是俗谛，后者是真谛。佛家所言的真俗二谛亦可以借用到一切科学知识或经验知识及其超越上。同一现象，由"缘起"视之，则是俗谛，即是生灭变幻之生灭法，由"性空"视之，则成为真谛，即本无自性、本无生灭之清净法，然则现象并没有消失或消灭，现象依然存在，只是观者的视角或境界已经完全不同，俗者所看到的只是现象或生灭，菩萨或佛所看到的则是实相。实相一相，所谓无相，即是如相。

此等意境乍看起来玄妙无比，其实亦真正符合我们的日常生活经验。人有喜怒哀乐、悲欢离合各种情感，处于不同情感状态下的每个人，其所观之世界自有差异或迥然不同。悲者心悲，万物同悲，所谓江河呜咽，日月变色也；乐者心乐，世间同乐，则所谓举国同庆，日月生辉。苏东坡盖世名篇《前赤壁赋》有云："客亦知夫水与月乎？逝者如斯，而未尝往也；盈虚者如彼，而卒莫消长也。盖将自其变者而观之，则天地曾不能以一瞬；自其不变者而观之，则物与我皆无尽也，而有何羡乎！"

"自其变者而观之"就是从生灭变化角度而观之，所观者就是佛家所说的生、灭、常、断、一、异、来、去，此乃如梦如幻、如露如电；"自其不变者而观之"就是从实相一相或如相角度观之，所观者就是佛家所说的"不生亦不灭，不常亦不断，不一亦不异，不来亦不去"。科学知识或经验知识则是为了弄清楚生灭常断一异来去之规律或关系。

其三，佛智慧如何融会真俗二谛？俗人只看到俗谛，只相信俗谛；佛菩萨则亦真亦俗，亦俗亦真，非真非俗，非俗非真，既看到真谛亦看到俗谛，所谓真俗不二。一般世俗人与佛菩萨之区别即在此。世俗人以为是真的现象，佛菩萨眼中则是执着，是虚妄不实；佛菩萨眼中的真谛（实相一相，所谓无相，即是实相），世俗人反而不相信，以为虚妄不实。由此观之，世俗人与佛菩萨境界判若云泥。修行就是要修成佛智慧，证得涅槃或无上正等正觉，就是要去掉执着，所谓"荡相遣执"，亦是去伪存真，伪者就是如梦如幻之现象，真者就是实相一相，就是去掉执着的现象（现象依然存在，只是去掉执着）。

佛菩萨和世俗人的差距看似无穷无尽或十万八千里，实则只是一间之隔或一念之差。此所谓放下屠刀，立地成佛，或即心是佛或顿悟成佛之根据也。从此岸到彼岸，只是一步之遥。一步之遥非路途遥远之谓也，乃心念一动之谓也。是故佛家有"智具三千"和"念具三千"的说法，修得佛菩萨智慧，则智具三千，世间万物、宇宙万有皆以佛智慧（一切种智）观之，皆是实相，无有执相，一体平铺，一律平等，真谛亦是俗谛，俗谛亦是真谛。

停留于世俗层面，世俗人所看到的就只是那生灭流转的现象，无以证得世间万物和宇宙万有之真相。证得真相，则人即佛，即成永恒或无限，即体悟到绝对真理或终极真理；不识真相，则人永远是人，只是暂时或有限，无论知识多么丰富和深刻（伟大如牛顿和爱因斯坦），所知者亦只是暂时的或有限的或相对的真理。人性或人心本质总有趣向永恒或无限或绝对之"向上一机"（《易经·乾卦》曰：天行健，君子以自强不息），是故人人皆能（是潜在的能，并非现实的能）成圣成佛成真人，达到永恒或无限的至善之境。

佛家对识心所幻化的万千现象（所谓三界唯心，万法唯识）之解析和说明，主旨在于说明人生万千无限烦恼之虚妄不实，说明吾人不当沉溺于此虚妄不实或生灭流转之苦海，以此警醒吾人当体悟人生别有超离烦恼或生死海之奇妙高远境界——佛菩萨境界。

到达佛菩萨境界，则烦恼即菩提，菩提即烦恼，无差无别，无障无碍，远离颠倒梦幻。佛家以此为核心课题或终极目标，遂开辟出无限深远之理境，其所发明的各种理论架构或概念术语，虽然原初纯为解析人生心理烦恼和痛苦所发明，实际亦可用于描述和解析宇宙万有各种现象。唯识宗所特别注重的"三性"——依他起性、遍计所执性和圆成实性——所特别发明出来的"分位假法"和"不相应行法"等理念，实际上与西方思想所发展出来的概念、范畴、逻辑形态有异曲同工之妙，以此可以成就经验知识或科学知识。当然，佛家本身并未开辟出经验知识或科学知识，因为其重心并不在此。

其四，一般世俗人（此"世俗"一词绝无贬义，只是相对成圣成佛成真人之最高境界而言）只有或只能认识到一层存有论——现象界的存有论，只承认现象界的万千现象为真实存在，亦只在现象界里无穷探索，以寻求现象界之规律或法则，亦即只局限于科学知识或经验知识。

依照牟宗三先生对佛家义理的重新阐释，科学知识或经验知识虽然亦如佛家所解析的心理意义上的现象，亦是一种执着或执，然而，科学知识或经验知识亦有相当的或自身的"谛性"，佛法亦并不排斥科学知识，亦是完全可以保住（贞定住）和发展科学知识。科学知识或经验知识是执着或执，一旦转识成智，证得无上正等正觉，达到佛菩萨智慧境界，科学知识或现象界的规律虽依然存在，但在佛菩萨或无上正等正觉的观照下，现象界的规律或科学知识已成为"去执"的知识或现象。执着或执所形成的现象就好像在其上覆盖了识心这一层面纱，一旦将识心这层面纱去掉，以智心去观照之，现象或科学知识虽依然是现象或科学知识，但已经是去掉执着的现象和科学知识。

佛菩萨知道那现象或科学知识空无自性或生无自性，毫无执着于此，可有亦可无，可无亦可有。譬如一旦修成佛菩萨，佛菩萨是无须任何工具来改造世界的，因为佛菩萨无所不能，所以佛菩萨并不需要科学知识来协助制造各种工具来改造世界。然而，世间只要还有未成佛成菩萨的世俗之人，他们就需要科学知识的协助，而且有不断发展科学技术之无限愿力，佛菩萨为了度众生成佛，亦需要随顺世俗，尊重和运用科学知识。

假若有朝一日，一切众生皆成佛，则科学知识就完全没有必要了，佛菩萨智慧无所不能，超越一切科学技术，此时科学知识或经验知识则可以完全被化掉，所以对于佛家而言，科学知识或经验知识是"有而能无，无而能有"（牟宗三先生语）。

又譬如，一般世俗人生病需要求医问药，医药当然是一门重要的科学或技术，所以世俗人必须重视和研究医学，然而，一旦达到佛菩萨境界，佛菩萨无生无死，无疾病可言，当然不需要任何医学知识。然则佛菩萨为了度众生成佛，则必须随顺俗世，尊重医学或技术，运用医学或技术给众生医病，一旦一切众生皆成佛，则世间再无生病一事，医学这门科学也就没有存在的必要了，此是科学知识"有而能无，无而能有"另一例证。

第四章

儒家论人心的创造性（上）

吾儒圣先哲学问之大宗为心学，心学之血脉则是心之创造性。《易经》之精髓即是阐明心之创造性，心之创造性蕴含心之道德的创造性和知识的创造性。故全部《易经》以乾卦为首，乾者，心也。天行健，君子以自强不息，即以乾之行健不已以阐明天地宇宙运行规律之秘密，此秘密就是"乾知大始，坤作成物"，亦即心之本质。儒圣先哲之心学广大悉备，博大渊深，意蕴无穷，智慧深邃。

然而，儒圣心学之心，则是超越意义之心，形而上意义之心，非经验意义之心，非形而下意义之心。儒家主要或只从超越的意义或形而上的意义上说心的创造性，没有从经验的意义和形而下的意义上说心的创造性。此是儒圣心学之主要优点，亦是其重大缺陷。盖单从超越的意义或形而上的意义来说心，完全忽视经验意义或形而下意义之心，则我们无从真正理解心之创造性之内在机制，不能真正理解经验或形而下意义之心的创造性机制，则我们就无法真正开发人心之创造性，从而发掘人心固有之无尽宝藏，以发现科学真理，积累经验知识，从而真正实现儒圣先哲"裁成天地，辅相万物"之宏大理想。

西方先哲则自始就致力探求经验意义或形而下意义之心，西方经验知识或科学知识之积累和发达，西方科学很早就走上系统积累和发现之康庄大道，其来有自。西方先哲很少探求超越意义或形而上意义之心，甚至根本否认有所谓超越意义或形而上意义之心，此是西方思想之最大优势，虽然亦是其重大缺陷。自古希腊、古埃及天文、历法、航海术、数学起源，西洋文明渐次走上科学文明之途，至近代16—17世纪实证科学或经验科学大行其道，科学进步一日千里，科学文明主导世界，至今方兴未艾，实际已经成为主宰人类发展演变的核心力量。相反，华夏和东方文明虽然远古时期亦有初步科学技术之发明，然终究未能走上系统的科学进步之路，直到 19 世纪经受欧风美雨洗刷之后，中国和整个东方世界才开始重视经验科学或经验知识。西洋思想传统重视经验意义、形而下意义的心，是故自始就探求生理意义之心的结构和内在机理，到 18 世纪后，解剖学、心理学、生理学、生物学快速兴起，至 20 世纪后更有计算机科学、脑科学、人工智能、机器人科学、生物工程等众多与人脑和人类智能紧密相关之学问，西洋文明对经验意义的心或脑的认识日益深入和全面。意识如何产生？思维因何而起？广博高深之思想和理论从何发出？是什么在主宰我们的行为和情感？人之聪明和愚蠢之差距为何判若云泥？良心和道德感究竟是先天超越地本自具足还是后天熏习所获？天资顽钝愚昧至极之徒能否摇身一变成为绝世天才？人类是否终究一日能够仿制足以与人类智能媲美甚至超越人类智能的机器或机器人？今日已有基因科学之神助，很大程度上人类已经能够制造出堪比真正人脑的"人工脑袋"。要而言之，未来人类科技文明之进步，很大程度上取决于我们对心或脑的运行机制之理解。

古今中外所有伟大哲学或宗教派别里，儒家为道德意识最强者。宗三先生如是概括儒家系统之性格："开辟价值之源，挺立道德主体，莫过于儒。"[1] 儒家亦是正面、全面和系统阐述人之道德生命或道德本质者，亦即正面阐述人之价值生命者。此为儒家之所以为儒家而与其他各伟大学派区别者。

儒家正面、全面和系统阐述人的道德生命或价值生命，我们可以《易传》《论语》《孟子》《中庸》《大学》五部经典为宗主，下概陆王心学和现代新儒家（特别是熊十力和牟宗三二师）。[2]

---

① 牟宗三. 中国哲学十九讲 [M]. 长春：吉林出版集团有限责任公司，2010：54.

② 以下引文皆出自正文提到的五部经典，由于引述繁多，兹不一一注释。读者可以参阅：朱熹. 四书集注 [M]. 长沙：岳麓书社，2004.

今日公认，《易传》为儒学重要经典。《易传》的首要创发性就是以"乾"为人的价值生命之本质，以"君子之道"为实现人之价值生命之根本途径或唯一途径。《易·乾·文言》实为人之价值生命之最佳论述，实为君子之道之最佳阐释。《易传》并非从静态角度阐述人的价值生命，乃是从动态或创造真几的角度阐述人的道德创造性。人之道德的创造性真几或无限创造性，正是《易传》的核心思想。关此，罗近溪有一篇论述说得最好。前已引述，兹再重引之：

> 夫易者，圣圣传心之典，而天人性命之宗也。是故塞乎两间，彻乎万世，夫孰非一气之妙运乎？则乾始之，而坤成之，形象之森殊，是天地人之所以为命，而流行不易（已）者也。两塞之间，万事之彻，夫孰非妙运以一气乎？则乾实统乎坤，坤总归乎乾，变见之浑融，是天地人之所以为性，而发育无疆者也。然命以流行于两间万世也，生生而自不容于或已焉，孰不已之也？性以发育乎两间万世也，化化而自不容于或遗焉，孰不遗之也？是则乾之大始，刚健中正，纯粹至精，不遗于两间，而超乎两间之外，不已于万世，而出乎万古之先，浩浩其天，了无声臭，伏羲画之一，以专其统，文王象之元，以大其生，然皆不若夫子之名之以乾知大始，而独得乎天地人之所以为心者也。夫始曰大始，是至虚而未见乎气，至神而独妙其灵，彻天彻地，贯古贯今，要皆一知以显发而明通之者也。夫唯其显发也，而心之外无性也。夫唯其明通也，而心之外无命矣。故曰：复其见天地之心乎？（《复卦·象传》）。又曰：复以自知也（《系辞传下》）。夫天地之心也，飞斧固莫之可见；然天地之心之见也，非复亦奚能以自知也耶？盖纯坤之下，初阳微动，是正乾之大始而天地之真心也，亦大始之知而天

心之神发也。惟圣人迎其几而默识之，是能以虚灵之独觉，妙契大始之精微；纯亦不已，而命天命也；生化无方，而性天性也；终焉神明不测，而心固天心，人亦天人也。

罗近溪此段论述精彩而重要，首在阐释性、命、心、知通而为一，《易传》"乾知大始，坤作成物"两语就是概括性、命、心、知通而为一，亦即对宇宙天人之本质的精辟概括。此一本质，自其流行不已而言之，则曰"命"；自其发育无疆而不可或遗者言之，则曰"性"；自其真实而具体的创造性而言之，则曰"心"；自其现实的亦是具体的表现形态而言之，则曰"知"。从性到命到心到知，表示古圣贤哲对宇宙人生之本质的认识步步深入、步步具体、步步真实。

性、命之观念古已有之，远古圣哲即有"天命于穆不已"之洞悟；《中庸》曰："天命之谓性，率性之谓道。"亦是演绎古哲之义。伏羲的伟大贡献乃是"画之一以专其统"，即将天地万物、宇宙人生的共同本质统而为一，即统一为伏羲一画也，伏羲以一画为万物之宗主也，此乃人类智慧所谓"最初的洞见"或"智慧灵光的乍现"；文王的伟大贡献则是"象之元以大其生"，司马迁赞"文王拘而演周易"，文王象之元即以"乾"为宇宙万物本源之"象"，即以乾为宇宙万物之终极本质也，更以"大其生"以概括乾之德。《易·系辞传》多有以"生"赞易者，如"天之大德曰生""生生之谓易"。

伏羲之画，文王之象，实乃吾华夏古圣先贤对宇宙万物本质进行超越思辨的伟大成果，是对华夏文明和人类文明的伟大贡献。现代物理学对宇宙万物本质之认识，从最高哲理层面看，亦是不懈追求宇宙万物那个统一的终极本质，爱因斯坦、霍金等科学家的伟大理想就是要用一个统一的理论来解释宇宙万物之一切。

罗近溪认为，伏羲"画之一"、文王"象之元"之贡献固然伟大，"皆不若孔子之系之以乾知大始，为独得乎天地人之所以为心者也"。孔子赞《易》，首创"乾知大始"之学说。何谓"大始"？大始者，天地万物、宇宙人生之起源或本源也，孰能知"大始"？唯乾知之。乾者何谓也？人心是也，天地之心是也。

文王以乾卦为《易经》六十四卦之首，石破天惊，是为原初的洞悟和最高的创见。然而文王仍未能透彻阐释"乾"为何物。孔子则直指"乾"为人心，乾为天地之心。不仅如此，孔子还透彻阐释人心或天地之心之最本质的功能就是"知"。何谓"知"？"知"什么？如何"知"？所谓"知"者，首要的意义就是"良知"或"乾知"。罗近溪主要从良知处说乾知大始。唯人心能够透彻明了宇宙万物之根源或本源，唯人心具有透彻明了宇宙万物根源的能力。故曰："夫始曰大始，是至虚而未见乎气，至神而独妙其灵，彻天彻地，贯古贯今，要皆一知以显发而明通之者也。"

人心或天地之心之最本质的功能或作用就是"知"或"乾知"或"良知"。罗近溪以"显发"二字形容人心之知，甚妙！所谓显发者，实即是创造也。儒家或佛家皆不直接说"创造"之义。盖依儒家学说，本心自足，原来就有，无须"从无到有"创造出来，是故儒家总是说发现本心、识得本心、求其放心、本心之朗照或觉知。依佛教学说，更无所谓"生"的意义，亦是反复论说识得本心，并不说人心"创造"之义。吾人站在今日世界，自可说人心之创造性，自可说天地之心之创造性。罗近溪"显发"二字其实就是人心的动态的创造性。《中庸》亦有创造性之意义："天地之道可一言而尽也，其为物不二，则其生物不测。"熊十力先生说《中庸》亦是解《易》之书，信哉斯言！

正是通过人心之"乾知"或"良知"，才将性、命、心、知具体而真实地贯通起来。天道之彻天彻地、贯古贯今，唯有通过人心的认知作用或良知良能方能显发之、体现之、朗现之。是故孔子说："人能弘道，非道弘人"。此八字意蕴深远无极，自孔子以来两千多年，有几人真能明白"人能弘道，非道弘人"之真实意义？人能弘道之真几，就是人心之良知良能或者人心的创造性能够认识宇宙万物之最高奥秘或最本质的根源，并且能够借此不断弘扬和提升人的价值生命，直至与天地万物浑然一体之崇高境界。这就是《中庸》所说的"与天地参"。

人心之创造性就是生命之创造性。创造性是真实生命具体而生动的体现，活泼泼地，如源泉混混，沛然莫之能御，亦若"火之始然，泉之始达"（孟子语），有不可遏阻之势。谈创造性，我们当然可以铺排各种理论和思辨的论述，然未若真实生命之实际的创造过程那么生动、具体、自然、有趣，足以感动人、启迪人、鼓舞人。

以道德的创造性言之，以提升人的价值生命言之，任何高深系统的哲学和宗教理论，皆远远不如孔子、释迦、耶稣和人类历史上那些伟大圣贤先哲的真实生命故事来得可歌可泣、撼人心魄、动人心魂、启人哲思，激励人不断激扬自己的价值生命。因为，唯有个体生命具体而真实的创造过程，才最能展示人性之伟大、人心之无限、智慧之无穷。任何理论的铺排和思辨的技巧，与伟大个体生命真实而具体的创造过程或故事相比，都显得那么苍白、乏力和无趣。这就是为什么人类伟大个体生命的故事或创造性历程，尤其是圣贤先哲的伟大创造性历程永远是人类的灵感源泉，永远是激励和鼓舞人类不断提升自我生命价值的无穷力量。这就是我们需要每天阅读圣贤先哲的经典的原因。

牟宗三先生在《中国哲学十九讲》里专门谈到天台宗智者大师《维摩

经玄义》里的一句话："是入道正因，轻经重论甚可伤也。"智者大师这句话是提倡和鼓励大家要多读经，不要只重视佛教的论典，却忽视或轻视佛经。"因为经是佛所说的，经所代表的是具体、活泼、舒朗而开阔的心胸。"宗三先生还提到基督教的《圣经》："好比西方的神学家所著的论述一般看似很丰富、很精彩，而相对地，《圣经》却似乎很简单、很贫乏。然而《圣经》对后世之启发性是多么的大！不论是相信或不相信基督教，读过四福音书的人，都会深受感动的。因为四福音书带有戏剧性，也是代表圣人的形态之一。"① 当然，宗三先生提得最多的是我中华民族的"圣经"《论语》。《论语》记录孔子师徒之间的言行，如"学而时习之，不亦说乎？有朋自远方来，不亦乐乎？人不知而不愠，不亦君子乎？"诸如此类话语，看似家常便饭，平淡无奇，但是为什么古往今来无论多高智慧的人，都不敢轻视《论语》呢？为什么连佛教里那些学佛修道的高僧大德们也不敢轻视《论语》的价值呢？为什么宗三先生说，相对论典，经代表的是具体、活泼、舒朗而开阔的心胸呢？

《论语》《圣经》和佛经之所以比任何理论思辨的铺排要丰富、具体、活泼、开朗，因为它们是圣人生命真实而具体的体现，它们记录的是圣人的生命历程，展现的是圣人价值生命不断弘扬、激励、创造，直达至最高智慧境界的真实生命历程，还有什么能够比圣人的真实生命历程更能激扬我们的信心力、意志力和创造力呢？所有人之所以发愿学佛修道，或者立志为圣贤，或者发誓荣耀上帝，或者发愿做大事业、做大学问，等等，往往都有一个契机来激发他、激励他、震醒他，往往都有某种神奇的时刻扣动了他生命中的创造性真几。这种契机或时刻，大多数都是受到伟大人物

---

① 牟宗三 . 中国哲学十九讲 [M]. 长春：吉林出版集团有限责任公司，2010：69.

或圣贤先哲故事的启发或点示。人类历史天空中闪耀的群星，每颗星都有自己的偶像之星或英雄之星，他们又是其他人的偶像之星或英雄之星。人类创造性之所以能够如长江黄河般奔流不息，人类创造性真几之所以能够代代相传、精进不已、不断超越，就是因为我们总有不断涌现的圣贤先哲给后人以生命智慧和创造性的启迪和激励。

儒圣先哲阐述人心的道德创造性，莫善于孔子的《论语》。《论语》没有任何理论的铺排和思辨的曲折，完全从真实生命之具体行为上来指点、启发、激励人的价值生命，即指点、启发、激励吾人所本自具足的仁心仁术。

孔子对圣人之学亦即心学最伟大亦是最亲切的贡献就是以"仁"来高度概括人的价值生命，以此点示出人之所以为人、人之所以异于禽兽者。孔子以真实生命、真实生活中的具体行为来指点"仁"，来开启人的价值生命，此是人性或人心之道德创造性之最为相应者。西洋哲学直到康德才明白吾人之道德绝非思辨理性或纯粹理性之事，乃是实践理性之事。吾人无论具有多么高深莫测的思辨理性或纯粹理性，亦无法分析或推演出人之所以为人、人之所以异于禽兽者的真几或本质所在。以经验知识之"格物致知"之路来探求道德的本质、探求人之所以为人的本质（西洋哲学长期走追求经验知识以探求道德本质之路，朱熹格物致知之路亦如此），则更是支离或歧出，根本无法找到人的价值生命或道德生命之源。康德称之为"他律道德"。他律道德是根本靠不住的。道德必然是自律的，必然是自律道德。

所谓道德或价值生命或精神生命必定是人的自我觉醒、自定方向、本自具足、不假外求。人之自我觉醒、自定方向绝不能依靠思辨理性之逻辑推演，唯一的办法就是从真实生命之具体生活中去"反求诸己"。孔孟之道的伟大和卓绝之处，就在于始终从个体的真实生命或日常生活中去开启人的价值生命之源，去警醒、启迪个人反求诸己，发现或朗现每个人本自具足的价值生命源泉，扩而充之，直达至圣贤境界。

《论语·阳货篇》里载孔子由"不安"处指点仁。"亲丧，食夫稻，衣夫锦，于汝安乎？"宰我答曰"安"。正显示其之不仁，显示其价值生命之堕落或僵滞。仁心仁术本是活泼泼的，人心之道德的创造性正是体现在吾人日常生活的点点滴滴皆能时时刻刻体现仁心仁术，皆是仁心仁术之"沛然莫之能御"或"不容已"，皆是吾人本自具足之仁心之自然或天然的体现或彰显，无论何时何地何种行为，皆是仁心仁术的朗朗呈现。造次必于是，颠沛必于是。人若需要外力来促使或迫使他的行为符合道德法则，则此人早已失却本心、失却仁心仁术。吾人若有人指点、点示、启迪或激励却依然不能反求诸己、求其放心、自我朗现仁心仁术，则是本心蒙昧、昏暗、堕落、僵滞已极也。

孔子《论语》点拨、启示或激励吾人开启价值生命或仁心仁术，皆是以具体行为或实例为契机，而且根据每个弟子之具体情况或弱点极具针对性地进行启发、指点或激励。如颜渊问仁、仲弓问仁、司马牛问仁，孔子之答皆各有重点。孔子以活泼泼的具体生命行为来指点"仁"，来开启吾人价值生命之源，正是自律道德最相应者，正是人心道德创造性之最相应者或最本质者。是故宗三先生有曰："仁心即是吾人不安、不忍、愤悱、不容已之本心，触之即动，动之即觉，活泼泼地之本心，亦即吾人之真实生命。"[①] 触之即动，动之即觉，正是人心道德创造性之形象描写。

所谓道德的创造性，并非通途意义上的"无中生有或从无生有"，并不是道德本无，吾人须凭空创造出一个道德，若以此理解人心之创造性，则

---

① 牟宗三 . 中国哲学十九讲 [M]. 长春：吉林出版集团有限责任公司，2010：70.

大谬。所谓道德就是人依道修行而自得之，依道修行而不断弘扬和提升吾人的价值生命，直达至圣贤之境。依此而论，古往今来人类各大宗教或哲学流派，无不是指引或教诲吾人依道修行以提升价值生命或精神生命。何谓教？《中庸》曰："天命之谓性，率性之谓道，修道之谓教。"教之本质就是指引吾人依道修行以提升价值生命或精神生命。宗三先生曰："凡圣人之说为教。凡能启发人之理性，使人运用其理性从事于道德的实践，或解脱的实践，或纯净化或圣洁化其生命的实践，以达至最高理想之境者为教。"人之依道修行或道德的实践，并非依从一个外来的事物或外来的道理而追随之，并非吾人本心原来没有依道修行之根源却要凭空创造出一个根源。

人之所以能够依道修行，不断提升价值生命或精神生命直达至最高境界，乃因人心就是道德之源，就是修道之原动力，就是教之根据。阳明所谓"圣人之道，吾性自足"；象山所谓"此乃天所赋予我者，非由外铄我也"；孟子说四端之心，"人之有是四端也，犹其有四体也"；孔子曰："我欲仁，斯仁至矣。"凡此种种不同点示或警醒之语，皆在点醒吾人价值生命之内在根源，皆在激发吾人价值生命之内在动力。一旦点醒和激发，则犹如"星星之火，可以燎原"，亦犹如孟子所说"源泉混混……有本者如是"。孟子赞舜："舜之居深山之中，与木石居，与鹿豕游，其所以异于深山之野人者几希。及其闻一善言，见一善行，若决江河，沛然莫之能御也。"此种自我自觉提升价值生命或精神生命之动力，就是人心之最本质的特征，就是人之所以异于禽兽者。

是故，所谓人性或人心之道德的创造性，其创造者，毋宁说是"显发"、"彰显"、"朗现"、"逆觉体证"（宗三语）、"自我发现或自我觉醒"。孔子从不安、不愤不启、不悱不发处指点"仁"，就是要警醒或掘发吾人本自具足的道德本心或道德的创造性或价值生命之源泉。所以象山有言："夫子以仁发明斯道，其言浑无罅缝，孟子十字打开，更无隐遁。"孔孟皆从吾人日常生活行为处点示、启发或警醒，盖依道修行或价值生命之提升，纯是实践之事，非是思辨之事。唯有日常生活各种行为的点点滴滴皆能依道而行，皆能合于圣贤之道，吾人才有望达到圣贤至高之境。依靠思辨的曲折和理论的铺排，绝找不到任何提升价值生命之途，是故孔子谆谆告诫我们："托之空言，不如见之行事而深切著明也。"此为孔孟之伟大卓越处。孔孟点示、警醒或激励吾人依道修行、提升价值生命，皆是活泼泼的，亲切感人、生动有趣，恰如春风化雨，润人心田。

然则孔子"以仁发明斯道"之"仁心"，绝不仅仅限于日常生活各种行为之点点滴滴。孔子之"仁"，直接源自《易经》之"乾"，与性、命、天道贯通为一。孔子之仁乃是上通天命天道，下概日常人伦，彻天彻地，贯古贯今。孔子指点仁、启发仁、激励仁，就是为了激发吾人精进不已，直达至彻天彻地、贯古贯今，"与天地万物为一体"之至高境界。《论语》对此记录甚为详尽。孔子以仁发明圣人之道，给吾人价值生命或精神生活确立了各种境界的进阶，犹如佛教修行的不同阶段。"己所不欲，勿施于人"当是最基本之要求；"己立立人，己达达人"已是崇高境界，犹如佛家的菩萨道；"不怨天，不尤人，下学而上达，知我者其天乎？"（孔子自况语）才是至圣之境，所谓"践仁知天"。践仁知天才是孔子指点、启发、激励吾人"仁心"的最高目标。盖人心本来就是通天通地、与天地万物为一体者。故《中庸》曰："君子之道，造端乎夫妇，及其至也，察乎天地。"君子之道就是"夫子以仁发明斯道"，起自日常生活（夫妇之道），终极则察乎天地，亦即彻天彻地、贯古贯今。故《中庸》又曰："大哉圣人之道，洋洋乎发育万物，峻极于天。"

是故"夫子以仁发明斯道",以仁心概括吾人之本质、人心之本质、人之所以异于禽兽者。仁心就是具有道德创造性之本心,道德创造性亦即自我觉醒、自定方向、自我提升、自我实现价值生命,直至成贤成圣之境界。仁心所本自具足的道德创造性,孔子《论语》即以不安、不愤不悱点示之。此种点示和启发实即蕴含一种创造性的动态性、创造性的不断精进和不断提升,创造性实即是永恒的向上精进。所谓"天行健,君子以自强不息;地势坤,君子以厚德载物",就是道德创造性的永恒性,它永无止境。虽然吾人可说"达至圣人之境",然而现实中有谁能够自称已达圣人之境呢?圣贤永远是一种只能永恒接近却永远不能说已经达到的状态。孔孟从来没有自称已达圣贤之境。《论语》中多有此类话语。事实上,凡是创造性,就意味着一种永恒、持续精进、永无止境。科学的创造性、知识的创造性、艺术的创造性、文学的创造性皆然,道德的创造性自然亦如此。盖无论是成圣、成佛、成至人(仙人),或基督教的上帝旨意,皆是一个无限的、动态的进程。

任何人在道德创造性的过程中,在不断提升自己价值生命的过程中,不可能停顿下来,或静止于某一个阶段。盖任何创造性不进则退,价值生命不是得到精进或提升,就是后退或堕落。曾文正有言:"不为圣贤,则为禽兽;只问耕耘,不问收获。"即是本儒家进德修业之意而来。《论语》中孔子指点和启发仁心,处处皆蕴含动态、无限过程之意。孔子绝不是从一个静态不变的状态来点示和启发仁心。

孟子"十字打开",其阐述仁心之道德的创造性,则更是直接显明地以动态方式阐述之。最有名者莫过于《孟子·尽心上》:"尽其心者,知其性也。知其性,则知天矣。"尽心、知性、知天,就是一个纵向的、动态的、永恒的或无限的进程。尽心、知性、知天,此六字,意蕴深远无极,实包含儒圣先哲心学之全部义理。所谓"尽"和"知"，依儒家传统而言，就是功夫；心、性、天三者直贯相通、通而为一，就是本体。儒家圆融之境，即可从功夫说本体，亦可从本体说功夫，即功夫即本体，本体即功夫，功夫本体原本是一不是二。什么是功夫？功夫就是实践，就是日常生活的各种行为、点点滴滴，若日常生活的各种行为、点点滴滴，都能够从"仁心"而发，都能够"不违仁"，那是何等的修养功夫和修养境界！吾今日从道德创造性或人心创造性角度重新阐释儒圣心学，所谓"尽"和"知"，就是一种创造性的自觉、自明、自发。

何谓创造性的自觉、自明和自发？如何尽心？如何知性？如何知天？孔孟及其后学主要从道德创造性角度讲，从心学大传统来看，这当然是非常自然的讲法，儒圣心学实际上只开出内圣一面，亦即只成就了或主要成就了道德的形而上学或道德的本体论或无执的存有论（依牟宗三先生的说法）。

实际上，从人心之知识的创造性角度，我们亦能说"尽其心者，知其性也；知其性者，则知天也"。当然，从内圣一面讲的"尽心"之"尽"，主要是一种道德的自觉、自明、自发；从内圣一面讲的"知性"之"知"，却并非经验知识意义上的知。

孟子又多次谈及仁心或本心之"扩而充之"。如《孟子·公孙丑上》中著名的"四端之心"之说，其结尾处即曰："凡有四端于我者，知皆扩而充之矣，若火之始然，泉之始达。苟能充之，足以保四海；苟不充之，不足以事父母。"

吾人今日从人心或仁心创造性角度来阐释儒圣先哲之义理，并非随意转换一个角度，而是有儒圣先哲教导的义理根据。吾人即从儒圣先哲早已阐发的"心之道德义"入手，彰显心的创造性，以挺立人心最独特的本质，以将儒圣先哲心学的优良传统融入现代人类生活的创新和创造大潮之中。

儒家心学传统或后世所谓理学传统，有诸多类似或近似的概念，如道、心、性、气、心体、性体、道体等，各家各派对此的理解或体证或有大的区别，或有小的出入。儒家心学或理学大传统下的各种学派或小传统，即是各家各派对上述理念的理解或有大的区别，或有小的出入。

根据牟宗三先生的系统疏解和分析，要而言之，孔、孟、陆、王（亦可上溯至文王、周公）的心学传统为圣贤之道之正统，所谓道统和学统是也。两宋诸大师大体亦是遵循孔孟传统；唯程伊川和朱子背离孔孟传统，将孔孟传统的"心即理"分解为"心理为二"，将心下落到形而下的层面。依照孔、孟、陆、王传统，心理是一不是二。儒圣先哲所说的心是形而上的心，不是形而下的气质意义的心。此心是"即存有即活动"（宗三语），朱子所说的理则是"只存有不活动"。孔、孟、陆、王传统的心是超越的心，是本体亦是功夫，是存有亦是活动，是理性（超越的理性）亦是实践。其心学所讲的心是活动的心，只有心才能活动。所谓理、性、道、道体、性体是不活动的，唯有心才能活动，才能实践，才具有创造性。孔子说"人能弘道，非道弘人"，正是此义。道是寂然不动之真体或本体，唯有人的实践活动才能体现道的存在，才能将道彰显到人类行为的点点滴滴之上，才能朗现道的本质作用。没有人心的实践活动或创造性活动，道就根本不能存在，世间万物根本就不能存在。所以孟子说："万物皆备于我。"象山说："心外无物，道外无事。"唯有人的创造性实践活动才能体现或朗现道体的作用，才能认识到宇宙自然万物的本质，此所谓孟子的"尽心知性知天"，此所谓《中庸》的"参赞天地之化育"。

《中庸》为孔子嫡孙子思所作，其阐述孔子之道，创造性意蕴则尤为深切著明。《中庸》曰："君子之道，造端乎夫妇，及其至也，察乎天地。"从最普通的日常生活细节之人伦直至彻天彻地之天道，人心之道德创造性何其广大无垠！真正是贯古贯今、彻天彻地，宇宙万象、人生社会无所不含。《中庸》又曰："天地之道，可一言而尽也，其为物不二，则其生物不测。"

实际上，吾以为，古往今来，一切论述创造性或生命本质之哲学语言，精彩深刻莫过于《中庸》"至诚无息"一章。兹全部引述之：

> 故至诚无息。不息则久，久则征。征则悠远。悠远，则博厚。博厚，则高明。博厚，所以载物也；高明，所以覆物也；悠久，所以成物也。博厚配地，高明配天，悠久无疆。如此者，不见而章，不动而变，无为而成。天地之道，可一言而尽也：其为物不二，则其生物不测。
>
> 天地之道：博也，厚也，高也，明也，悠也，久也。今夫天，斯昭昭之多，及其无穷也，日月星辰系焉，万物覆焉。今夫地，一撮土之多，及其广厚，载华岳而不重，振河海而不泄，万物载焉。今夫山，一卷石之多，及其广大，草木生之，禽兽居之，宝藏兴焉。今夫水，一勺之多，及其不测，鼋、鼍、蛟、龙、鱼、鳖生焉，货财殖焉。
>
> 《诗》云："维天之命，于穆不已！"盖曰天之所以为天也。"於乎不显，文王之德之纯！"盖曰文王之所以为文也，纯亦不已。

生命的无限创造性就是"不见而章，不动而变，无为而成"，生命的无限创造性就是天地之道。"天地之道，可一言而尽也：其为物不二，则其生物不测。""'惟天之命，于穆不已！'盖曰天之所以为天也。"天之所以为天，生命之所以为生命，就在于于穆不已、生生不息的无限创造性。《中庸》为解《易》之书，全部义理皆来自《易》，实为阐释生命无限创造性之伟大经典。

《中庸》之博大高深，于斯可见。《中庸》以"诚"发明孔子所说的"仁"，即是最高级创造性——精神或思想创造性——的生动体现。《中庸》以诚发明斯道，全部论述一以贯之，就是"诚"之动态的永恒的无限的创造性。是故《中庸》曰："惟天下至诚，为能尽其性；能尽其性，则能尽人之性；能尽人之性，则能尽物之性；能尽物之性，则可以赞天地之化育；可以赞天地之化育，则可以与天地参。"

赞天地之化育，与天地参，即是人之无限创造性之最高境界，此天地人之所以为同一之性，为同一之心。宇宙自然、天地万物、人类社会皆为同一之心，此天地之心也。其最高的本质就是生命的无限创造性。具体到吾人而言，则以"诚"为显发或阐扬无限创造性的下手功夫。无论是道德创造性还是知识创造性，必以"诚"为最高原则。佛家所谓发心，儒家所谓尽心，道家所谓归根复命，皆是"诚心"之谓也。故《中庸》又曰："唯天下至诚为能化。""诚者物之始终，不诚无物。"

不诚无物，则将"诚"上升到本体论的最高层面。如果没有"诚"，则人心的道德创造性和知识创造性必荡然无存；创造性荡然无存，则天地万物不可能创生。盖天地宇宙、自然万物、人类社会皆人心所创造。诚是心之至诚，是心之创造性的出发点，亦是最高原则。

《中庸》论述仁心或道德或君子之道或诚的创造性，一以贯之，其动态、纵向、永恒、无限之意，确乎深切著明，实乃古往今来一切圣贤经典所独有也。史传孟子师事子思，孟子之仁心创造性之思想，则是源自子思的思想，子思的思想则是直接源于孔子。

《大学》为儒家修行之纲目、实践之次序，为朱子和阳明所重视。依吾之愚见，《大学》所标举的修行纲目和实践次序，亦是道德创造性之纲目和次序。《大学》开篇之"大学之道，在明明德，在新民，在止于至善"，就是一个道德或仁心创造的动态次序。后又引"周虽旧邦，其命维新""苟日新，日日新，又日新"等，无不是彰显道德之创造性，或创新之动态，或无限过程。

是故吾华夏文化哲学之正宗为儒学，儒学即心学也。阳明在《象山全集》叙中说："圣人之学，心学也。尧、舜、禹之相授受曰：'人心惟危，道心惟微，惟精惟一，允执厥中。'此心学之源也。"韩子曰："尧以是传之舜，舜以是传之禹，禹以是传之汤，汤以是传之文、武、周公，文、武、周公传之孔子，孔子传之孟轲，轲之死，不得其传焉。"直到千有五百年后，象山始接上心学血脉。是故象山有曰："窃不自揆，区区之学，自孟子之后，至是而始一明也。"象山、阳明之后，心学大宗晦暗不明以至失其传者，又三百余年矣。直至十力先生和宗三先生崛起，始再度上接华夏心学血脉而弘扬光大之。

十力先生《略谈新论要旨（答牟宗三）》有云："《新论》（十力先生《新唯识论》）一书，不得已而作，未堪忽略。中国自秦政夷六国而为郡县、定帝制之局，思想界自是始凝滞。典午胡祸至惨，印度佛教乘机侵入，中国人失其固有也久矣。两宋诸大师奋起，始提出尧舜至孔孟之道统，令人自求心性之地，于是始知有数千年道统之传而不惑于出世之教，又皆知中夏之贵于夷狄，人道之远于禽兽，此两宋诸大师之功也。然其道嫌不广，敬慎于人伦日用之际甚是，而过于拘束便非。其流则模拟前贤行迹，循途守辙，甚少开拓气象。逮有阳明先生兴，始揭出良知，令人掘发其内在无尽宝藏一直扩充去，自本自根，自信自肯，自发自辟，大洒脱，大自由，可谓理性大解放时期。程朱未竟之功，至阳明而始著，此阳明之伟大也。然阳明说《大学》格物，力反朱子，其功夫毕竟偏重向里，而外扩终嫌不足。晚明王、顾、颜、黄诸子兴，始有补救之绩，值国亡而遽斩其绪。"①

十力先生寥寥数语,勾勒出华夏文化哲学思想史之轨迹。始皇定帝制之局,造"焚书坑儒"之孽;汉武采董仲舒之策,"罢黜百家、独尊儒术"。自此之后,华夏不复有诸子百家时代的思想自由。魏晋士人清谈玄理,隋唐直至北宋数百年吸收消化佛教,儒圣先哲心学传统荡然无存。两宋诸大师奋起,上接孔孟道统,疏通心学血脉。象山、阳明直承孟子之学,高明俊朗,巍然挺拔,卓绝不凡。明朝倾覆,满族入主中原,大兴文字狱以强化专制集权统治,士人沉溺科举以求功名,学术仅存考据索隐,思想自由全盘扼杀。满族入主中原之后二百余年间,恰逢西方文明勃然兴盛,理性精神、艺术文化、科学技术、坚船利炮、民主政治皆大放异彩,是故当 19 世纪西方文明开始进攻中国之时,华夏文明一败再败。痛定思痛,反思失败之因,孔孟之道竟然被普遍认为是中国积弱积贫之总根源,儒学经典遂被弃如敝屣。直至 20 世纪上半叶,始有熊十力、梁漱溟、牟宗三等少数学者奋起抗争,以"虽千万人,吾往矣"之气魄,力图恢复华夏学统,新儒学由此诞生。时至今日,国人一边慨叹国民普遍无坚定信仰或宗教信仰,一边继续谴责儒学为所谓国民性败坏之根源,虽偶闻国学复兴之声,然实皆不知所谓复兴国学者,果为何物耳!学贵知本,本立而道生,今日许多侈谈国学复兴者,皆不知本也。

自伏羲、尧舜禹汤、文武周公直至孔孟所开创之心学传统,其宏规伟模即以"内圣外王"概括之。《庄子·天下篇》感慨万千,盖慨叹儒圣先哲"内圣外王"之道至庄子之时代已经暗而不明,郁而不发:"天下大乱,贤圣不明,道德不一。天下多得一察焉以自好。譬如耳目鼻口,皆有所明,

---

① 熊十力. 十力语要初续 [M]. 上海:上海书店出版社,2007:5-6.

不能相通。犹百家众技也，皆有所长，时有所用。虽然，不该不遍，一曲之士也。判天地之美，析万物之理，察古人之全。寡能备于天地之美，称神明之容。是故内圣外王之道，暗而不明，郁而不发，天下之人各为其所欲焉以自为方。悲夫！百家往而不反（返），必不合矣！后世之学者，不幸不见天地之纯，古人之大体。道术将为天下裂。"所谓内圣外王者，即涵盖人心之道德创造性（内圣）和知识之创造性（外王）。

内圣者，即悲智双运、内外兼修，以期成贤成圣者，在孔门为德行之科；所谓外王者，即格物致知、探索宇宙自然人生社会之奥秘以建立一个繁荣、富裕、文明、和谐的人类社会。先秦儒家的政治社会理想极为丰富，包罗万象，而以三代之治为理想之境。一个繁荣富裕、文明和谐之人类社会，自当涵盖哲学思想、文化教育、文学艺术、科学技术、政治制度等人类物质生活和精神生活之全部。先秦诸子百家即囊括所有学科门类，诚所谓"百官之富，宗庙之美，粲然备矣"。十力先生《原儒》诸书皆极力证明先秦诸子不仅注重哲学思想之思辨和弘扬，而且注重科学技术和人类社会组织之研究。要而言之，先秦儒家确实是"内圣外王"、内外兼修者。

正如一个国家、一个民族乃至每个人都有兴衰周期一样，学术思想亦然。战国纷争时代，庄子已然感叹内圣外王之学"暗而不明，郁而不发"。随后两千多年，心学传统虽经两落两起，却至今未能恢复中华哲学文化思想的主流地位。试问，今日中国哲学文化思想主流谁属？佛教乎？西方哲学乎？抑或所谓国学乎？十力先生叹曰："中国人失其固有久矣！"良有以也！

追本溯源，两宋诸大师和阳明学派所复兴者，只是先秦儒学"内圣"一面，"外王"则始终未能开拓出来。象山、阳明、孟子，光风霁月，俊伟挺拔，亦只是向内用功夫，科学技术和人类社会政治经济组织之研究，象山、阳明几乎没有涉及；朱子以"格物致知"号召学人，以"涵养需用敬，致知唯格物"为宗旨，然朱子所谓格物者，亦是所谓"格其心之物"，非是向外探索宇宙自然和人类社会之运行规律也。有学者认为，设若明朝未曾亡国、满族未入主中原，则顾、王、黄、颜诸君子当能够发展出与西方现代实证科学相媲美的"格物致知之学"。然历史无法假设，两宋和明季诸大师未能开出先秦儒圣"内圣外王"之学的"外王"一面，当是不争的事实。是故两宋和明季诸大师之学问，总体格局不够宏阔，识见不够远大，洞察不够深邃，大体而言，皆是对儒圣先哲言辞论点有所补充和给予新的阐释而已。

十力和宗三为代表的"新儒学"，仍是以"内圣"之学为主。十力先生曾有宏图大志，开掘出儒圣心学"外王"一面，惜未竟其功。宗三先生堪称新儒学成就最大者。吾尝言：融会中西、贯通古今，唯宗三先生能当之。其融会中西哲学尤其是融会康德哲学和儒圣心学之成就，卓然绝待，独步当代，亦足以傲视千古。宗三先生乃真能上接先秦儒圣孔孟血脉、下概两宋和明季诸大师之学、并融会康德区别"现象与物自身"之超越洞见，彰显东西方哲学各自擅长和不足，从而开辟出中国哲学思想向未来进发之康庄大道。有学者称赞宗三先生为吾华夏文明思想"创业垂统"之大师，诚哉斯言！宗三乃真能将东西方哲学思想各归其位、各显其长、取长补短、相得益彰者。唯如此，方能站在人类文明整体之角度，融会西方文明的科学和民主传统，开出现代意义的"外王"之学。

吾今日从创造性角度重新阐释儒圣心学，亦是深受宗三先生学问之启发，从创造性角度重新阐释儒圣心学。所谓内圣就是心之道德的创造性，所谓外王就是心之知识的创造性，综括而为人心的创造性。人心之创造性，孔孟直到陆王再到现代新儒学，皆是强调道德的认知或良知，亦即总是强调道德的创造性，对知识的创造性却强调不足或根本忽视，此乃数千年来儒学发展的最大缺陷或遗憾。

儒学原本格局宏阔，广大悉备，"内圣外王"比翼齐飞，惜乎儒学自战国时代起，即开始凸显内圣有余而外王不足，甚至可以说外王根本没有开辟出来。到宋明理学时期，儒学更日益收窄为心性之学，向外认知世界、寻求科学知识和社会秩序之科学大道始终没有创发出来，以致西方科学大行其道之时，中华文明遭遇惨败。

"外王"一面遭遇惨败，人们随即开始谴责儒学"内圣"一面，整个儒学的根基就摇动。平心而论，儒学未能真正开辟创发其外王之道，未能弘扬人心本自具足之知识的创造性，此乃历史事实，未可否认。然而，因为儒家未能开辟创发出外王之学，未能开辟创发出科学和民主之现代社会，就因此而否认儒家内圣之学之伟大，亦是"将孩子和脏水一起泼出去"之偏执态度，不可取也。今日仍有许多国人将中国过去数百年积贫积弱或国民性日渐衰败之根源归咎于儒学之僵化或迂腐。呜呼！蒙千古奇冤，唯儒学耳！

吾人今日既需要正视人心的道德创造性（儒家传统所强调的良知良能），更需要正视人心的知识创造性（现代西方所发展起来的科学传统）。

第五章

儒家论人心的创造性（下）

长久以来，人们对儒家思想有诸多误解、偏见和责难，即使是对儒学抱着同情和尊重之心、希望深入理解之人，对儒学的认识亦难免粗浅、不真切、不透辟和不谛当。

一般人未熟读精研儒学经典，往往仅凭道听途说或先入为主之习见或偏见而议论和批评儒学，此固不足论。即使熟读精研儒学经典之学者，对儒学之精髓亦往往难有谛当和透彻之认知，此种缘由一言难尽。此所以圣人之"暗而不明、郁而不发""天下大乱，贤圣不明"。时至今日，浅薄者或斥儒学为封建专制之帮凶或余毒，或因儒学未能开辟出现代科学和民主政治而被视为中国和人类进步之阻碍，因而必欲弃如敝屣而后快。对儒学稍有兴趣和稍存尊重者，亦往往认为儒学义理只是家常便饭，平淡无奇，缺乏思辨精彩，不堪与高深思辨哲学相提并论，或以为儒学为诸子百家时代之古旧学问，早已脱离时代，不足与论。

因此，儒学真正伟大的洞见或原初的洞见究竟是什么？儒学对人类文明最重要的贡献究竟是什么？此是今日吾人必须重新思考或反思以深入回答之问题。

儒学最原初和最重要的洞见乃是对人性、人心、人的本质的洞见。自伏羲一画开天地，历经尧舜禹汤、文武周公，直达孔孟，奠定儒学之宏规伟模，形成以《易经》《论语》《孟子》《中庸》等四书六经为核心经典的儒学体系，其一以贯之道皆源自古圣先哲对人的本质之深邃而超越的洞见。

此原初的洞见，要而言之，约略有如下数端：

其一，人的本质上通超越的神性，下通动物性，人兼具动物性、人性和神性。何谓动物性？即物质自然生命之本能也；何谓人性？即人之所以为人之本质的特征；何谓神性？即通天地宇宙万物为一体之共同的本质。

儒学不仅承认人的动物性，而且肯定人的动物性。所谓动物性，就是人作为一种动物所具备的本能特性。儒家所言："食、色，性也"；孟子和告子关于"性"有一个著名的争论，告子主张"生之谓性"，孟子虽然着重阐发人的超越之性，却并不否认人有"生之谓性"之性，亦即动物性之性。《孟子·尽心下》有著名的一章[①]：

> 口之于味也，目之于色也，耳之于声也，鼻之于臭也，四肢之于安逸也，性也，有命焉，君子不谓性也。

孟子于此便是承认人天生具有感性方面的动物性之性，此即属于"生之谓性"。孟子不于此言性善之性，但亦不否认"食、色，性也"之动物性之性。

> 仁之于夫子也，义之于君臣也，礼之于宾主也，智之于贤者也，圣人之于天道也，命也，有性焉，君子不谓命也。

孟子于此便是阐释仁义礼智之真性，人之价值上异于禽兽者之性，孟子即于此确立"性善"之伟大学说。

因此，儒学最重要和最伟大的贡献乃是说明人之所以为人之本质的特征或本性。全部儒学经典皆是对人性的深刻洞察和超越洞见。一言以蔽之，儒圣先哲对人性（人之所以为人之本质的特征）最重要和最伟大的洞见乃是揭示出人天生具有对精神生命或价值生命的无限追求。人之所以为人、人区别于动物之最本质的特征，乃是人不仅仅是一个物质的生命、一个动

---

① 以下所引，皆出自《论语》《孟子》《中庸》《大学》《易传》等经典。由于引述繁多，兹不一一标出。

物性的生命，更是一个精神的生命、一个价值的生命，而且人之天性具有对精神生命或价值生命的无限追求或永恒的追求，此人之所以贵也，此所以人与天地并立而为三才。《易经》的全部义理即在阐发和弘扬人性之伟大，阐发和弘扬人性无限多样的表现形态或无限的可能性和创造性。孔子则以"仁"给人性本质以最高度的概括。孟子进一步阐发孔子义理，开创出实践的智慧学，即真正的人学。夫人学者，即人如何成为真正的人之学问也。

儒学所阐发和弘扬的人性乃是上通神性，人性修养或修炼的最高境界就是神性，人就成为神，人就是神，神就是人。《易经》《论语》《孟子》皆有明文说明人性的最高境界就是神性。如《孟子·尽心下》有曰："可欲之为善，有诸己之谓信，充实之谓美，充实而有光辉之谓大，大而化之之谓圣，圣而不可知之谓神。"此是人性修养或修炼的各个阶段或不同境界。盖善、信才刚刚迈入人的门槛，人若无善无信，则非人也，禽兽也。迈入人的门槛，逐步修炼修养，一步一步可逐渐进至大、圣、神的境界。

其二，人的崇高使命甚至是唯一使命乃是摆脱动物性对人的羁绊，不断精进自己本自具足的价值生命或精神生命，直达至圣贤或圣神的境界，此便是人的本质所必然具有的道德的创造性。对人心或人性创造性的阐发和弘扬，实在是儒学对人类文明最伟大的贡献。西方文明将人类的救赎完全交给上帝，人绝对没有自觉地迈向圣神境界的能力或愿望。人当然要做事，甚至要不惜一切、不惜生命地去做一切力所能及的事，然而，依照基督教的教义尤其是新教的教义，人无论多么优秀、多么卓越、多么辛劳、成就的事业多么伟大，他都无法知道自己是否能够被上帝选中而成为救赎的对象，人无论如何都是盲目的，是否得到救赎完全是上帝的事情，人之所以得到救赎或被上帝选中，完全是不确定或不可捉摸的事，好像买彩票中奖一样。你当然需要努力去买彩票，但能否中奖则完全不是人自己所能掌握的。依照儒学的伟大洞见，人天生具有自觉地迈向圣神之境的能力，此能力"我固有之，非由外铄我也"，这就是人的无限创造性。人的无限创造性当然包括道德的创造性和知识的创造性（或者精神的创造性和物质的创造性）。

其三，人如何开发或开辟本自具足的创造性尤其是道德的创造性，以完全摆脱动物性直至神性之境？这就是儒学所谈的功夫。儒学所阐发的修养修行功夫博大精深，并不亚于佛家所发明和倡导的千奇百妙的修行功夫。儒家谈本体（人性的本质）必然涵着功夫，谈功夫必然涵着本体。所谓功夫，就是努力摆脱动物性，完全恢复人性，直至达到神性的一整套修为、处世为人之方法。

儒家对人性的深刻洞察乃是源自"直觉的洞悟"，而不是基于"架构的思辨"。所谓直觉的洞悟或直觉的解悟，即是对人性本质的当下肯定、直下肯定，直接从吾人生活之基本事实（仁、义、礼、智、信）来肯定人性本善，来肯定人的价值生命或精神生命，而不是绕出去，从概念出发，依照逻辑思辨方式来"证明"人性本善，来证明人性的本质。从概念和定义出发，依照逻辑思辨方式来证明或解释，就是所谓"架构的思辨"。架构的思辨就是今天所谓科学的方法或科学的思维方式。

科学的方法或科学的思维方式必须要有一套假设、定义、概念、范畴，必须要有一套逻辑方法，从假设、定义、概念和范畴出发，依照一套逻辑方法，推导出一些结论，然后试图用经验事实来证实或证伪这些结论。逻辑的证明或科学的证明本质上是一种因果关系的说明。因果关系的链条是没有止境或终结的，可以一直延展下去，直至那个最终或最后的原因或根源（所谓"第一因"）。因此科学的结论永远只是暂时的或或然的，永远具有被推翻或证伪的可能性，科学的因果关系永远具有无限的可能性或无限多样的方向。科学家的崇高理想当然是追求最终极或最后的真理，追寻到那确定的、不可摇动的最高原理，然而，科学的方法或科学的思维方式却永远无法追寻到那个终极的真理。科学的结论永远是暂时的或不确定的。

直觉的洞悟或直觉的解悟与科学的方法或架构的思辨恰恰相反，它正是要收进来，而不是绕出去，它正是要去掉或化掉那些假设、定义、概念或范畴，从而实现吾人本性或本心的如如朗现或如如体证。吾人本性或本心的本质亦即人性的本质并不能通过某种假设、定义、概念或范畴来证明，人性或人心的本质只能通过直觉的洞悟来当下肯定或直下肯定。绕出去是科学的方法，是获取经验知识的方法；收进来则是直觉的洞悟或解悟，如此才能洞察人性的本质，洞察价值之源。

绕出去获取经验知识或科学知识，就是老子所说的"为学日益"；收进来洞察人性本质或价值之源，就是老子所说的"为道日损"。所以，我们从儒家经典里找不到任何关于人的定义、关于价值的定义，找不到任何关于人性本质或价值之源的假设、定义、概念或范畴。"夫子以仁发明斯道。"孔子以仁来标举或说明人的本质，然而孔子并未给"仁"以任何的定义，整部《论语》都是从日常生活具体事实出发来指点"仁"、警醒"仁"，孔子所说的一切都是要人反求诸己，从日常生活实践中来体证什么是"仁"。事实上，吾人亦决不可能给"仁"以任何明确的定义，因为"仁"作为人的本质或价值之源，其表现形式是无限多样的。所谓"理一万殊"，吾人弘扬价值生命或精神生命的一切行为皆是"仁"的体现。扩而充之，"仁"乃是天地万物一体之爱，是彻天彻地、贯古贯今的宇宙本质，如此精神之源或价值之源，如何能够以某种假设来证明呢？

孟子的十字打开，并不是发明一套假设、定义、概念或范畴来证明孔子提出的"仁"如何如何，而只是进一步从日常生活具体事实出发，多层面、多角度地指点、警醒吾人如何反身而诚、反求诸己、求取放心。孟子言性善，言本心，言"四端之心"，言养浩然之气，言"学问之道无他，求取放心而已"，言"万物皆备于我，反身而诚，乐莫大焉"，言"所欲、所乐、所性"之分，言"天爵人爵"，等等，皆是直下肯断、直下肯认，没有任何假设和概念的敷陈和演绎。到了陆象山，他直承孟子学，其讲学风范，则完全是警示语、指点语，没有任何的分解，当然更没有任何的假设和概念。陆象山最喜欢说的话就是"汝耳自聪，目自明，事亲自能爱，事父自能孝……"

体验或证悟吾耳自聪目自明，就是直觉的洞悟或直觉的解悟，就是要收进来、万物皆备于我、反身而诚，就是要求取放心、回归本心。从功夫上说，就是孟子说的养气、象山说的识本心、阳明说的致良知。其中就包括今日很热门的冥修。冥修的本质就是去掉或化掉外物的干扰，回归自己的本心，认得自己的本心。因此，儒圣先哲孔孟所开创的直觉的洞悟或直觉的解悟，乃是洞察吾人价值之源或精神之源的唯一途径，此中有无限的精彩、无限的奥妙、无限的庄严和无限的美。

今日人的头脑皆是科学的头脑，总是试图以科学的方法或思维来认识人的本质，试图以科学的方法来分析出人的价值之源或精神之源，这正是西方科学时代兴起之后的普遍思维模式。以科学的方法来寻找价值之源或精神之源，结果是日益陷入迷茫或空虚。

儒家对人性的深刻洞察可与佛家对人性的深刻洞察进行对照，以资比较和权衡。

旷观千古，对人性本质洞察之深之微，莫胜于孔子和释迦牟尼。整个佛教最了不起、最引人入胜、最折服人心之处，就是释迦对人性本质最深刻、最原初的洞见。这种最原初、最深刻的洞见以释迦牟尼早期极力阐发的十二缘生为最杰出代表，一切佛教经典莫不奉十二缘生学说为佛家教义之本源。

十二缘生以"无明"为开端，揭示出人生一切烦恼苦难之总根源，即人生陷溺于无明之中或生死海之中不可自拔，无明象征着一种漆黑一团的宇宙观和人生观，人陷溺无明之中不可自拔，直至老病死，循环往复，不可救药，所谓"生死海中，沦没无依"。如果换成儒学的语言来描述佛家的十二缘生学说，可一言以蔽之，即人失去了人之所以为人的本性，沦为纯粹的动物性而不可自拔。

然而，佛家正是要将人从十二缘生循环往复的生死苦海里拯救或"度"出来，此拯救或度并非依靠外力，乃是要人掘发本自具足的佛性，佛性才是人人皆具有的最高本质，此佛性本质，我们完全可借用孟子的话来形容：我固有之，非由外铄我也。因此，佛家度人于生死苦海，绝不是依靠某种外部的神力或奇缘，而是必然要依靠吾人之自省自觉，依靠吾人识得本性本心，依靠吾人明心见性，所谓"即心是佛，无心为道"。这与儒学或心学的教导实在是异曲同工之妙，甚至可说完全一致。盖孔子和释迦对人性本质之洞见原本是一个硬币的两面，孔子从正面（光明或仁）处说，释迦则从负面（无明或恶）处说。所说皆是人的最深刻的本质，是故异曲同工也。

佛家教人成佛，必定是教人开掘或掘发本自具足的佛性，此佛性亦是一种内生的或内在的创造性，吾人亦可名之曰道德的创造性或精神的创造性或佛性的创造性，此种创造性完全是吾人内在的、本自具足的，它具有无限的可能性和永恒的创造性。正如一个人永远也不能声称自己成为圣人了，一个人永远也不可能宣称自己成佛了，盖成圣成佛乃是一个无限的永恒的创造性的过程，成圣成佛永远在路上。这与儒学所阐发和弘扬的人心的道德创造性，实在是完全一致的。

佛家所开创的修行功夫最为深邃、严密和繁复，此为古往今来人类文明最为奇特之文化现象，佛家自始就有显宗和密宗之分，要点就是修行的方法上的重大差异。然则佛家所倡导的修行功夫，无论如何变化，千奇百妙，最终目的都是要人识得自己的本心。此与儒学所阐发的功夫亦是异曲同工之妙，盖心学之要害就是要人识得本心、回归本心。

儒学和佛学只有一个差别，那就是儒学主张入世，佛家主张出世。若论对人性本质的洞察、对人性创造性的阐发和弘扬、对修行功夫的发明和倡导，二者尽有许多相同甚至完全相同处。盖天下至理原本是一非二。此理固然，不足为奇也。

吾今所极力阐扬者，正是儒圣先哲所开辟的人心创造性传统。阐扬儒圣先哲所阐发的人心创造性，我们尽可从佛家伟大高深义理中获得无尽的启迪。然则，吾人仍然以儒学为大中至正之教，佛家为大偏之教者，盖人生本来如此，归根结底，天下实际上没有所谓出世之说也。果真人人皆出世，则人生毁，乾坤裂，生命亦无复存在也。

儒家文化本质上为创造性文化，儒家义理本质上为创造性义理，儒家思想本质上为创造性思想，儒家精髓就是阐发和弘扬吾人本性或本心之道德创造性和知识创造性（亦可曰精神创造性和物质创造性）。倘若吾人平心静气，直接从《易经》《论语》《孟子》《中庸》《大学》原初义理出发，真正透悟儒家义理之宏大和精微，吾人当对儒家义理所蕴含的人心之创造性深信不疑。

然则吾人必须指出，《易经》《论语》《孟子》《中庸》《大学》所蕴含的道德创造性义理显然多于知识创造性义理，现代人的心态完全是知识或科学的求知心态（此并非贬低知识的或科学的求知心态），而缺乏或完全没有真正的道德意识，是故对儒家所极力阐发和弘扬的道德创造性或漠然不知，或视而不见，或思想上心理上完全不能相应地了解，不仅不能相应地客观地了解，甚至完全根据道听途说或自己先入为主的偏见而一概抹杀之。儒家对人心或人性之道德创造性的阐发或弘扬最为真切、精微和完备，惜乎现代人根本没有真正的道德意识，所以根本不能了解儒家经典所阐发和弘扬的人心或人性之道德创造性。

尤有甚者或令人扼腕叹息者，乃是儒圣先哲虽然洞见到吾心或吾性之创造性原本是"一心开二门"：即开出道德的创造性或精神的创造性，又开出知识的创造性或物质的创造性，况且吾心所本自具足的道德创造性必然要求开出知识的创造性——此一宏大精微之义理架构，《易经》尤其是《易·系辞传》言之甚明——然而《论语》《孟子》《大学》《中庸》大体只有道德创造性之阐发和弘扬，对知识或物质的创造性之阐发和弘扬极为不足，到宋明诸儒之心学或理学，则完全只有道德创造性之阐发和弘扬，知识或物质创造性则完全消失，此乃中华民族未能开辟出现代科学（包括自然科学和社会科学）的真正原因，实乃吾华夏数千年文明或文化演进之最大憾事。

吾人尤须知之，吾心之创造性本源原本是彻天彻地，内外皆具，全体大用，无不概括，此是道之本源。然而，恰如孔子所说："人能弘道，非道弘人。"大道如斯，却需要吾辈主动去阐发、弘扬和实践，道之全体大用方能彰显。若吾辈自我束缚，自我锢蔽，只局限吾心创造性之一隅或某个层面，而不能阐发、弘扬和实践吾心创造性之全体大用，则原本致力阐发和弘扬的那一隅亦将枯萎或丧失殆尽。自孔孟开始，儒圣先哲的全部注意力即集中于阐发和弘扬人心之道德创造性，对人心之知识创造性则着力甚少。至宋明理学或心学，则完全只有道德创造性之阐发和弘扬，知识创造性则完全消失。是故宋明心学或理学末流，往往沉溺或陷入空疏不实之虚谈，甚至走入狂禅一路，对人间疾苦或外事外物之规律不闻不问，只求一心之安静或虚寂。是故理学或心学大师们，谈心性修养自然头头是道，然而一遇家国灾难，往往束手无策，徒叹奈何。此实为心学或理学或整个儒学令人蒙羞处，实乃整个儒学数千年演变之大憾事或耻辱。追根溯源，乃是儒圣先哲自孔孟开始，即忽视对人心之知识创造性或物质创造性之阐发或弘扬，结果最终连儒家所极力阐发和弘扬的道德创造性也丧失殆尽，因为当国家民族屡屡遭遇亡国灭种之危机，儒家却无力提出任何实用之救赎之道，必将遭到鄙视或唾弃，必将难免严厉之批判或责难，此是儒学数千年重大缺憾之必然结果。吾以为今日尊重或继续致力弘扬儒家义理学说者，必须正视此一基本历史事实。当然，全盘鄙视、唾弃、责难儒家学说和义理，将其斥为完全无用甚至完全有害之学，将吾国吾民族数百年所遭受之灾难或苦难，皆归咎于儒家学说或义理之空疏，甚至直接将儒家义理或思想谴责为封建专制之罪魁祸首或余毒，此则走向另一极端，犹如恩格斯所批评者：泼脏水将婴儿一起泼了出去。任何思想、理念或观念，凡走入极端者，皆非客观相应之理解。

因此，吾人今日须平心静气，只从儒家原初之义理为基础，重新疏释儒家义理对人心创造性的阐发和弘扬。同时亦须秉持客观理性之态度，正视儒家数千年哲理之缺憾和不足。一概抹杀的态度固然非是，一概颂扬的态度亦不利学术之讲明和发扬。

附记

儒学论吾心之道德创造性，实有千言万语，最善者莫过于《孟子·尽心上》开篇一段：

孟子曰："尽其心者，知其性也。知其性，则知天矣。存其心，养其性，所以事天也。夭寿不贰，修身以俟之，所以立命也。"

宗三先生以现代语文顺通如下：

那能充分体现其仁义礼智之本心的人就可知道他的真性之何所是，知道他的真性之何所是就可知道天之所以为天（知道"于穆不已"的天道之何以为创生万物之道）。

一个人若能操存其仁义礼智之本心而不令其放失，培养其真性而不使之被戕害，这便是他所以事天而无违之道（所以仰体天道生物不测之无边意蕴而尊奉之而无违之道）。

一个人若能不以或寿或夭而改变其应有之常度，而只尽量使自己居仁由义以体现仁义礼智之本心于行事中（修身），至于那非吾人所能掌握的偶发之事（如遭遇）之将如何发生在自己身上，或那必然要来临之事（如生死）之将如何来临，则不必多所顾虑，只须这样修身以俟之。如是，这便是吾人所以确立"命限"一观念之唯一途径。

宗三先生进一步阐释如下："尽心之尽是充分体现之意，所尽之心即是仁义礼智之本心。孟子主性善是由仁义礼智之心以说性，此性即是人之价值上异于犬马之真性，亦即道德的创造性之性也。你若能充分体现你的仁义礼智之本心，你就知道了你的道德的创造性之真性。"①

宗三先生即以道德创造性（创生万物）来概括"人之价值上异于犬马之真性"。吾今所极言者，即希望弘阐吾心之道德的创造性和知识的创造性（又曰：精神的或价值的创造性和物质的创造性）。

---

① 牟宗三. 圆善论 [M]. 长春：吉林出版集团有限责任公司，2010：97-100.

第六章

宇宙秩序与道德秩序

综观以上论述，吾华夏圣哲对人性人心的体悟和认知可谓独步古今，完全洞见、体悟和彰显出宇宙、天地、人生、社会之根本大源——以"创造性或道德创造性之心"一语可以尽之，是故儒圣心学之宏规伟模可以如下一语而尽之："宇宙秩序即道德秩序，道德秩序即宇宙秩序。"此乃真正洞彻大本大源之真理。一切学问和思想，若真趣向大本大源之学、趣向终极真理，则必然以儒圣为正盈之教。其他宗教哲学思想流派，无论思辨多么高深，理境多么奇特，逻辑多么严密，演变多么繁复，皆不能逃出儒圣心学大宗之正盈之教之范围。

宇宙秩序即道德秩序，道德秩序即宇宙秩序。意蕴深远无极，实乃洞彻大本大源之根本真理。

何谓也？熊十力先生名著《新唯识论》开篇有云："今造此论，为欲悟诸究玄学者，令知一切物的本体非是离自心外在境界及非知识所行境界，唯是反求实证相应故。"①《新唯识论》立论之基石，就是"一切物的本体非是离自心外在境界"。宇宙本体非是离我的心而外在者，那么宇宙本体之全体大用（即我们所看到的宇宙天地、世界万象及其创生演化之复杂系统）当然也不是离我的心而外在者，故宇宙秩序必然是心的秩序，心的秩序当然就是道德的秩序，因为心的本质就是道德的创生的作用，心的本质就是"为物不二、生物不测"之于穆不已，是故我之本心就是天地之心，就是宇宙之心。宇宙秩序必然是道德秩序。

牟宗三先生融会中西哲学，开创出"两层存有论"之哲学理境，系统说明宇宙秩序即是道德秩序。两层存有论，一层是"无执的存有论"或本体界的存有论，一层是"执的存有论"或现象界的存有论。牟宗三先生有

---

① 熊十力. 新唯识论 [M]. 北京：中国人民大学出版社，2006：22.

云："依此，我们只有两层存有论：对物自身而言本体界的存有论；对现象而言现象界的存有论。前者亦曰无执的存有论，'无执'是相应'自由无限心'（依阳明曰知体明觉）而言。后者亦曰执有的存有论，'执'是相应'识心之执'而言。"[1] "分别言之，只无执的存有论方是真正的形上学。执的存有论不可言形上学。统而为一言之，视识心与现象为真心之权用，则亦可说是一个道德的形上学而含有两层存有论。道德的形上学不但上通本体界，亦下开现象界，此方是全体大用之学。就学言，是道德的形上学；就儒者之教言，是内圣外王之教，是成德之教。哲学，自其究极言之，必以圣者之智慧为依归。"[2]

道德的形上学上通本体界，下开现象界。道德的形上学和道德本身之超越的根据就是人的本心，道德是人的本心之如如实现之，朗现之，创造之，创生之，彰显之，如源泉混混，不舍昼夜，沛然莫之能御。是故创造之本心上开本体界，下开现象界。本体界和现象界乃是一心开二门。本自具足、不假外求之创造性的本心既能够开出本体界，亦能开出现象界。

所谓开出本体界，是说本心之如如朗现就是本体界，自由无限心之如如朗现就是本体界，神圣意志之发用就是本体界，智的直觉所直觉就是本体界，物自身就是本体界。本体界就是本体界，没有体用（本体和现象）之对立或对照。本体界非知识所行之境界，本体界非科学所行之境界，本体界非感触直觉、逻辑、范畴等知性能力所行之境界。

以吾华夏圣哲"心学"大宗之语词言之，本体界就是那个超越的道体、性体、神体、易体、诚体、太极，是本心之独体自照，是孟子所说的"反身而诚"，是阳明所说的"知体明觉"，是罗近溪所说的"扬眉瞬目浑全只

---

① 牟宗三. 现象与物自身 [M]. 长春：吉林出版集团有限责任公司，2010：35-36.
② 同上。

是知体著见",是王龙溪所说的"神感神应,其几自不容已"之知体明觉之感应,是牟宗三所说的"自由无限心的展露"或"本心之自照"。①

以佛家语词言之,本体界则是如相、实相、一相。实相一相,所谓无相,即是如相。就是一切种智或佛智所觉悟的一切,就是无上正等正觉所觉悟的一切,就是与识知相对的"智知"。

依照康德的语词言之,就是智的直觉所直觉的物自身,就是自由自律的意志之展现,就是"上帝存在、意志自由、灵魂不灭"浑然一体的客观必然性和必然的确定性。

康德由于不承认人有智的直觉,所以"上帝存在、意志自由、灵魂不灭、自由自律的意志、神圣意志"等,人皆不能有之,所以在康德的世界里或整个西方宗教和哲学思想的世界里,道德法则、道德实践、人心或人性的实践活动永远不能上通本体界,或创生本体界,只能永远或无限企及之,却永远不能"就是"本体界。人与神之间永远隔着一条无法跨越的鸿沟,人是人,神是神,人与神永远不能合一。

依照中国智慧传统,康德所说的神圣意志就是那本有的明觉觉情之如如地朗现,并非说神圣意志就只是圣人的意志,更不是说唯有上帝才有神圣意志。神圣意志尧舜有之,众人亦有之。尧舜之所以为尧舜,只是因为他们能朗现或彰显神圣意志。众人之所以为众人,是因为他们未能朗现或彰显神圣意志。佛家有句名言:"心、佛与众生,是三无差别。"吾人亦可说:"心、圣与众人,是三无差别。"众生是潜伏的圣人,圣人是觉悟了的众生。何以故?本心同故。

虽然康德不承认人有智的直觉,但他却明确区分感触直觉和智的直觉,

---

① 牟宗三. 从陆象山到刘蕺山 [M]. 长春: 吉林出版集团有限责任公司, 2010.

明确区分现象和物自身，明确区分感性意志和神圣意志，明确区分思辨理性和实践理性，明确区分经验知识和超越知识（超越知识实际上不是知识，只是以此语词表述之），明确提出"自由是道德法则成立（或存在）之根据，道德法则是自由认知之根据"，明确认识到"自由的意志是独立不依于经验的条件，独立不依于感触界的条件"，明确将"上帝存在、灵魂不灭、意志自由"作为人之实践理性（道德实践）的三个设准。可见在康德的思想里，确有一超越的本体界，这个超越的本体界非知识所行境界，非科学所行境界，非现象所行境界，非知性所行境界，非范畴、概念、逻辑所行境界，而是自由意志所行境界，是神圣意志所行境界。

康德哲学与东方圣哲智慧的关键区别只在于一个要点：即他不承认人有智的直觉，不承认人有自由无限心，不承认人是即有限即无限，不承认人有神圣意志，所以人永远无法上通（更不能说创造或创生了）本体界。然而，西方哲学思想的最高成就者康德明确承认那超越的本体界确实存在，正说明东西方圣哲之思想非常接近，只差那么一点点儿（一间之隔也），正说明科学知识或实证科学无法体悟那超越的本体界，正说明经验知识之局限性，正说明那超越的本体界唯有人的本心之如如朗现才能开出（本体界本来就是如此），正说明我华夏圣哲"宇宙秩序即道德秩序，道德秩序即宇宙秩序"思想之深远宏阔、洞彻本源，亦正说明东西方思想之会通融合不仅完全可能，而且必须、必要和完全可能。

概而言之，东西方圣哲对宇宙秩序之本体界之认识恰好印证《易经》之伟大智慧：天下同归而殊途，一致而百虑。东西方圣哲理境和语言名词互有不同，内涵意蕴稍有差异，境界各有高致，要皆体悟到宇宙秩序那超越的本源或本体。超越的本源或本体就是宇宙万物人生社会一切一切的大本大源，然而我们却不能以经验知识或感触直觉去认知那超越的本源或本体，唯有智的直觉或自由的无限心或神圣意志方能朗现或彰显那超越的本体界，东西方圣哲皆体悟或认识到此境界或理境，唯西方圣哲（以康德为代表）不承认人可有智的直觉、可有自由的无限心、可有神圣意志，故本体界（物自身）或超越的本源或本体永远只是一冥暗的彼岸。

东方圣哲则自始就体悟或证悟到人自有神圣意志、智的直觉、自由的无限心，体悟到人既是有限存有亦是无限存有，故人的本心之返照自己或豁醒自己就是智的直觉之返照人自身（作为物自身的人本身或作为物自身的一切），就是知体明觉之如如朗现，所朗现或彰显者就是物自身，就是那超越的本源或本体，就是宇宙万物的大本大源，是故宇宙秩序必然就是道德秩序。

《中庸》曰："天地之道可一言而尽也，其为物不二，则其生物不测。"《易经·系辞上》有云："易与天地准，故能弥纶天地之道……范围天地之化而不过，曲成万物而不遗，通乎昼夜之道而知，故神无方而易无体。"《中庸》为阐释《易经》义理之书，《易经》为诸经之母，一切学问之源，心学之大宗，《易经》和《中庸》所反复演说的天地之道就是宇宙秩序。透彻体悟《易经》所阐发的高远深邃理境，其中心思想就是阐明"宇宙秩序就是道德秩序，道德秩序就是宇宙秩序"。

宇宙秩序就是道德秩序，是从上往下说，从外往内说，从本体、道体、神体直贯下去说性体、心体、诚体，即从宇宙秩序直贯下通道德秩序、生命秩序或人生秩序、社会秩序。

《中庸》云："天命之谓性，率性之谓道，修道之谓教。"就是从天命实体、本体、道体、神体直贯往下，说性体之本或成德之教就是天命实体或本体，亦即说宇宙秩序就是道德秩序。20 世纪初期，文化怪杰辜鸿铭先生将《中庸》翻译为英文，他对"中庸"的英文翻译是"universal order"（普遍秩序）或 "conduct of life"（人生之道），直接将普遍秩序或宇宙秩序与人的道德行为或道德法则或道德秩序合二为一，实在是高明之至，说明辜鸿铭先生已经把握住《中庸》所蕴含的真理之本质。[①] 本体、道体、神体之所以能够直贯下注为人的心体、性体、诚体，宇宙秩序之所以能够下注而为人类之道德秩序、道德法则、人生法则或人生秩序，盖因为本体、道体、神体乃是"为物不二，生物不测"的生命本源，乃是"生生之谓易"的生命真几，亦即是创生的本体或本源。超越的本源或本体具有"于穆不已"的创生或创造功能，它创造或创生宇宙一切，创造或创生一切生命和万事万物。超越本体或本源就等于创造性或创生性，创造性或创生性就是本源或本体的唯一功能，舍此别无其他，我们不能说超越的本体或本源还有其他什么功能，本体或本源就是创造性或创生性，创造性或创生性就是本体或本源。是故《易·系辞传》有云："天地之大德曰生。"是故《中庸》曰："天地之道可一言而尽也，其为物不二，则其生物不测。"

现代西方学者亦开始从"生物中心主义"的角度来讨论宇宙秩序和人间道德秩序，从生命起源或创生的角度来重新发现"神圣本体"或超越本体。北宋理学大师程颢（明道）始终从"于穆不已"之创造性或创生性本质来体悟本体或道体，此亦是吾华夏心学之大宗，牟宗三先生言之甚详。西洋思想中超越的本体是高高在上的上帝、造物主、神圣意志，虽然上帝或造物主创造一切，但是西方思想却没有说上帝或造物主之性就是吾人之性体或心体，上帝是上帝，人是人，人之性或心皆是形而下的，是气质或感性意义上的心或性，与造物主或上帝那神圣的意志没有直接联系，更谈不上直贯下注而为吾人之性体或心体。"上帝端坐天堂，人间平安无事。"

---

① 辜鸿铭.辜鸿铭文集 [M]. 三亚：海南出版社，1996.

然而，上帝的秩序就是上帝的秩序，它并不必然直贯往下而为人间的道德秩序或道德法则；人间秩序就是人间秩序，道德秩序就是道德秩序，与上帝秩序或宇宙秩序并无必然关系，即使深邃高明如康德者，亦只是将上帝存在作为道德法则的一个设准，既然是设准，就没有客观的必然性。康德是由道德法则之实践的必然性被逼出自由自律的意志，他的高明之处是体悟到：自由是道德法则成立的根据，没有自由自律的意志就没有道德法则，所以讲道德法则就必须首先讲自由意志。然而康德并不认为自由自律的意志是人的本性或人的心体或性体，他只是被逼将自由意志作为一个设准。他必须这么设准，否则就无法谈论道德法则。康德再由自由自律的意志逼显出上帝存在这个设准，而且意志自由、上帝存在、灵魂不灭亦不是直贯的关系，而是并列的三个设准，我们并不能直贯地说从上帝存在到灵魂不灭到意志自由到道德法则到人的日常行为。

西方哲人譬如经济思想家奈特亦说：一切社会秩序的基础只能是宗教。然而奈特的意思并非是吾华夏圣哲所体悟的"宇宙秩序就是道德秩序"之含义，奈特的意思乃是基于人类对神圣上帝或造物主之敬畏所形成的社会秩序。说一切社会秩序的基础只能是宗教，这当然非常伟大，非常了不起。对那超越的、永恒的宇宙秩序或造物主秘密的深深敬畏不仅会激发、鼓励或迫使吾人检点自己的行为，随时忏悔自己的错误，而且会激发吾人探索宇宙奥秘或造物主奥秘的雄心壮志。然而，西方圣哲并未体悟到华夏圣哲"宇宙秩序就是道德秩序"之恢宏理境，他们并未打通本体、道体、神体与心体、性体、诚体。

道德秩序就是宇宙秩序，则是从下往上说，就是从人的心体、性体、诚体上通超越的本体、道体、神体。

如何"上通"？前已论述，本体、道体、神体下贯而为性体、心体、诚体。"下贯"乃是本体、道体、神体本自具足地具有无限的创造或创生功能，"下贯"就是那"于穆不已"的创生功能，就是"为物不二，生物不测"的创造功能。

那么性体、心体、诚体如何"上通"？此上通之道路就是孟子所说的"尽其心者，知其性，知其性者，则知天也"。尽心知性知天，就是由道德秩序上通宇宙秩序之道路。《易·系辞传》亦说"穷理尽性以至于命"，又说"乾知大始"，皆意谓人的本心或心体能够直通或上通本体。乾知大始之"乾"，就是人的本心，就是孔子所说的仁或仁心，就是阳明所说的良知；乾知大始之"知"，意思是"主"或主导或创生之义；乾知大始意谓人的本心或心体、性体、良知，乃是创生万物之本源。

阳明有诗曰："无声无臭独知时，此是乾坤万有基。抛却自家无尽藏，沿门持钵效贫儿。"其意义就是说吾人之本心就是乾坤万有之基。乾知大始意谓吾人之良知或本心或孔子所说的仁心就是乾坤万有之基。自由自律的道德或道德秩序或道德法则发自人的本心，就是人的本心或良知之显发或明通。人之良知或本心所显发或明通者就是道德秩序，就是乾坤万有之基，也就是宇宙秩序。由道德秩序或本心之显发或明通而直达宇宙秩序，此显发或明通之道路或努力之方法就是儒圣所说的"功夫"。孟子说"尽心知性知天"，说"学问之道无他，求其放心而已矣"，说"反身而诚"，说"修其天爵"，说"扩而充之"，说"践仁知天"，说"君子存之，庶民去之"，说"操则存，舍则亡"，皆是从功夫上说如何实现道德秩序上通宇宙秩序。陆象山说"当恻隐处自恻隐，到羞恶处自羞恶……所谓溥博源泉而时出之""先立乎其大""辩志""辨端绪"；阳明说"致良知""知体明觉"；罗近溪说"要皆一知显发而明通之"；熊十力说"证量"；牟宗三说"逆觉体证"；等等，皆是儒圣自本体、本心之道德秩序、道德法则、道德实践上通无限宇宙秩序之功夫。此功夫从一方面说是无限的功夫，正如《中庸》所言："君子之道费而隐。夫妇之愚，可以与知焉，及其至也，虽圣人亦有所不知焉。夫妇之不肖，可以能行焉，及其至也，虽圣人亦有所不能焉。天地之大也，人犹有所憾。故君子语大，天下莫能载焉；语小，天下莫能破焉。《诗》云：'鸢飞戾天，鱼跃于渊。'言其上下察也。君子之道，造端乎夫妇，及其至也，察乎天地。"

　　君子之道，造端乎夫妇，及其至也，察乎天地。此语甚善，意蕴无穷。君子之道即夫妇之道，即人生日用伦常之道，即我们时时刻刻的行为所必须尊崇或遵守的规范，亦即道德法则、道德秩序、道德实践。君子之道不断提升达到至善之境，则察乎天地，即通天通地，彻古彻今，无所不包，无所不含，是即宇宙秩序也。

　　《中庸》言道德秩序与宇宙秩序之关系，最为深切著明。"唯天下之至诚，为能尽其性；能尽其性，则能尽人之性；能尽人之性，则能尽物之性；能尽物之性，则可以赞天地之化育；可以赞天地之化育，则可以与天地参。"此不是将"道德秩序就是宇宙秩序"说得十分清楚明白、透彻而显明吗？至诚之道就是道德法则、道德秩序、道德实践，以此道德实践不断精进，自强不息，先能体悟和认知吾个人（个体）之本性（所谓能尽其性）；体悟和认知吾个人之本性，则能体悟和认知全体人类普遍之本性（所谓能尽人之性）；能够体悟和认知全体人类普遍之本性，则能体悟和认知一切物质世界之本性（所谓能尽物之性）；能够体悟和认知物质世界一切现象之本性或规律，就可以参与宇宙万物一切的创生或创造（所谓赞天地之化育）；能够参与宇宙万物一切的创生或创造，吾个体生命、个体精神则完全与宇宙万物一切生命或宇宙大精神（宇宙全体大用）融合为一（所谓与天地参）。

此种境界，依佛家语言之，则是三千大千世界或十法界同时证得无上菩提，依照康德西方哲学思想语言言之，则是达到终极的"圆善"境界。吾华夏圣哲理境或境界竟然如此伟大，惜乎古今很少有人能够融会贯通之。此正如陆象山所说："天下正理不容有贰，若明此理，天地不能异此，鬼神不能异此，千古圣贤不能异此。"宇宙秩序就是道德秩序，道德秩序就是宇宙秩序，此乃最高的或终极的"天下正理"。

从道德秩序上通宇宙秩序，此"上通"之路之关键就是人心或人性的创造性，就是道德秩序的创造性或创生性。宇宙万事万物皆是人性或人心或道德之创造物，离开人性、人心、道德，则绝无宇宙天地万事万物可言，诚所谓人心灭，则乾坤裂、宇宙毁。道德地创造之，创生之、亦是道德地实现之、朗现之。《易经》和《中庸》对人性、人心、道德的创造性言之最详尽、最透彻。《中庸》云："其次致曲。曲能有诚，诚则行，形则著，著则明，明则动，动则变，变则化。唯天下至诚为能化。"唯天下至诚为能化，意蕴深远无极。一切创造或创生皆来自本心或本性之"至诚"，人心之至诚已经上升到那超越的创生或创造本体之境界，至诚就是创生或创造之本体，舍此别无其他创生或创造之本体，是故程明道一以贯之或直贯地说道体、神体、诚体、易体、心体、性体，诚体就是心体、性体、道体、神体、易体，它们同出而异名，非是不同的体也，只是一个体，只是以不同的名称言之。所以《中庸》以一语综括之："诚者物之始终，不诚无物。"

要而言之，系统、深刻、完备地阐释心体、性体或人的本质之创造性或创生性，系统、深刻、完备地阐释道德秩序就是宇宙秩序、宇宙秩序就是道德秩序，彻天彻地、通天通地、造端夫妇、察乎天地、圆通无碍、圆善至善，实乃吾儒家大宗心学体系之最伟大和最突出的贡献，亦是吾华夏儒圣大宗心学体系所以能傲然挺立于世界所有宗教思想流派之林者。

以康德为最高峰之西方哲学思想没有达到此至善之境，盖因为西方思想将人和神完全割裂，人只是有限的存在，不是无限的存在；只有感触直觉，没有智的直觉；只有感性意志，没有神圣意志；只能认知现象，不能体悟或朗现物自身。所以道德秩序无法上通为宇宙秩序；宇宙秩序亦无法下贯为道德秩序，二者之间横亘着不可逾越的鸿沟。以康德为最高峰的西方思想亦没有系统、深刻、完备地阐明道德、人性、人心的无限创造性或创生性。佛家亦是心学体系，亦有道德秩序（心的秩序）就是宇宙秩序、宇宙秩序就是道德秩序之思想，然而佛家所谈之心不是具有道德的创造性或创生性之心，只是生灭流转的识心或寂静涅槃的真常心或如来藏自性清净心。

第七章

华夏儒圣心学的缺憾

吾研读华夏心学经典，渐悟心学所最缺憾者，乃是未能开辟出一个真正完整的、开放的或开阔的创造性传统，即未能真正开辟出一个全方位的、开放的或开阔的创造性格局，而始终停留在一个内涵的，或静涵的，或内敛的状态之中。即从义理上未能真正开辟或创发出心之创造性的全体大用，尤其是未能开辟出人心的知识（物质的）创造性。宋明理学尤其如此。

孟子学说的真正精髓是其"沛然莫之能御"的人心的创造性。"尽其心者知其性，知其性则知天"实乃孟子学说之全部精义。尽心知性知天是一个动态的、直贯的、活泼泼的创造性过程。孟子之语高旷精微，需要阐扬光大，本其基本义理以扩充之。象山虽直承孟子精神，以"心即理""心外无物、道外无事"阐扬孟子学说，惜亦未真正开辟或创发出人心创造性的全体大用。

是故宋明理学所倡导的心学功夫，主要是一种静涵的功夫，譬如朱子念念不忘、始终恪守不渝的就是"涵养须用敬"。唯有阳明"知行合一""将心在事上磨炼"等，似乎略有创发人心道德创造性和知识创造性之全体大用之意味，然而依然言之未详。

何谓人心之全体大用？如何理解古圣先哲念念不忘的人心创造性之全体大用？

人心创造性的全体大用就是心之道德创造性和知识创造性的完美统一或完整统一。

心学自伏羲、文王至孔孟，再至宋明诸儒，直至当代新儒学，其主要措意处、悉心用力处、成就最辉煌最持久处，乃是道德的创造性，亦即内圣之学，而对于知识的创造性或外王之学，则大体没有创发出来或开发得非常不足。熊十力先生曾经力辩先秦儒家学说乃是包罗万象，举凡科学技术和社会政治哲学无不概括，皆有恢宏深远之贡献。意即先秦儒家实际上真正开辟出外王之学。可惜文献不足以支持十力先生的结论。

公正地说，儒家心学始终未能开辟出真正的政治哲学，以为吾国政治革命之基础，以开辟出国体、政体、治理体系之新格局；儒圣先哲始终囿于"家天下"之窠臼而难以自拔，更未能开辟出如西方自17世纪开始凸显和弘扬的民主政治哲学。此确是儒圣先哲学问之大缺陷或大不足，亦为儒圣先哲心学为现代人所诟病乃至谴责的主要原因，此确是事实，不可掩也。实际上，两千多年来，儒家对实际政治变革之贡献，远不及法家贡献之大。战国后期，中国由封建贵族政治转变为大一统的皇权专制体系——包括削贵族、设郡县、废封建、去井田等国体和国家治理体系的重大变革，都是法家的贡献。秦始皇之后历朝历代治国理政之策，主要是法家再加上道家演变出来的帝王之术。法家真正能够顺应历史大势，开启伟大政治变革。儒家则没有这方面的贡献。

儒圣先哲心学体系亦未能开辟出真正的经验知识体系，更未能开辟出如西方16世纪开启的经验科学或实证科学体系，此是儒圣先哲心学体系饱受现代人诟病或谴责的第二个主要原因，亦是事实，不可掩也。所以19世纪后期和20世纪初期，当中华民族面临亡国之大劫难之时，人们则将愤怒一致倾泻于孔孟之道，此固有可以深切同情和理解者也。此盖是儒圣先哲心学体系之最大遗憾。

关此，牟宗三先生《心体与性体》一书之"综论"有充满惋惜之情之描述，兹引述如下：

> 是以外王一名（案：即外王之学），其含义，若总持言之，大体可分为三层：一、客观而外在地于政治社会方面以王道治国平天下。此是其初义，亦是其基本义。就以王道治国平天下言，此中含有政治

之最高原则如何能架构成而可有实际之表现之问题，亦含有政体国体之问题。二、在此最高原则以及此最高原则所确定之政体国体之下，各方面各部门开展进行其业务之制度之建立。此是其第二义，亦即永嘉派所谓"经制事功"者是。三、足以助成此各方面各部门业务之实现所需有之实际知识之研究与获得。此是其第三义，此大体是顾亭林与颜、李等之所向往。以上三义俱为外王一名所涵摄，亦可以说是相连而生者，然而却有其层次之不同。第一层为政治，践之者为政治家。第二层为事功，践之者为百官众有司以及社会上之各行业。第三层为知识，践之者（言实际去研究）为专家为学者。从问题言，此三层中之问题俱属外王之问题。从学言，此三层之内容俱为外王学。

自宋儒兴起，重新确认并展开孔子之传统后，此外王学一面亦常因迫切之需要而为人所注意，而且常在华族受欺凌于夷狄而覆亡于夷狄时，如南宋时永嘉派之薛士龙、陈君举、叶水心，以及永康之陈同甫，明末时之顾亭林、黄梨洲、王船山，以及颜习斋、李恕谷等皆甚看重此一面。如能相应外王学之第一义而解决中国之政治问题，相应第二义与第三义而能开出各种科学知识以引发并充实各行业各部门之事功，此岂非佳事？然而着重此方面而反对谈内圣之学者却甚无所成。既不能积极地就外王学之第一义开出中国政治之方向，复不能就第二义与第三义开出各种科学知识之规模，而只知消极地泛言事功与实用以为反对谈内圣之学者（谈性命天道者）之借口。①

惜哉！以北宋诸儒之心学造诣，却不能创发出经世济民、经天纬地之

---

① 牟宗三. 心体与性体：第一册 [M]. 台北：台湾正中书局，2010：47-48.

实际政治军事外交之大学问，以对抗金人之侵略；以南宋朱子、象山学问之高，却不能开发出对抗元人侵略之方略；以晚明阳明及其弟子之心学，却未能开辟出中兴国家之策略和知识，大明朝面临灭亡却只能徒发兴亡之叹；清朝末期内忧外患，儒家弟子却依然抱残守缺，不知天下大势早已发生根本变革。天下士人为救国救民而打倒孔家店、焚烧四书五经，固有走向极端之嫌，然考诸当时之国破家亡之惨景，实在是可以理解和同情。呜呼！文周孔孟之内圣外王之学之宏规伟模为什么没有真正完整地开发出来？为什么中国政治始终未能走出"家天下或私天下"之窠臼？为什么拥有如此伟大学问传统之华族却始终未能开发出系统的科学知识之传统，却必待西洋科学兴起之后，方开始袭外人之绪以追随之？此实乃一大现实问题，亦是一大学术问题。

吾今所欲言者，则是人心之道德的创造性必然含蕴着知识的创造性，道德的创造性具有主导和支配的地位和作用；反之，知识的创造性则不一定含蕴道德的创造性。儒圣先哲所缺憾者，正是未能推进一步，从道德的创造性（内圣之学）开发出知识的创造性（外王之学）。其中之关键正是儒圣先哲未能从创造性角度来考察人心之本质。人心之道德创造性和知识创造性原本是合二为一、不可分割的，它们同出一源，一发皆发。

牟宗三先生《从陆象山到刘蕺山》一书论阳明学里有一长段论述人心道德创造性和知识创造性之统一，吾读之甚喜，兹再引述如下：

　　吾人有行为之宇宙，有知识之宇宙。全宇宙可摄于吾人之行为宇宙中，故云以言乎天地之间则备矣。参天地赞化育，则天地亦不外吾心之良知。一念闭塞，则天地闭，贤人隐。一念灵明，则天地变化草木蕃。此固吾之行为宇宙之盖天盖地。然而吾人亦复有知识之宇宙。

全宇宙亦可摄入吾之知识宇宙中。然此必待学问而外知的万物之何所是，非良知之断制行为者之所能断制也。良知能断制用桌子之行为，而不能断制桌子之何所是。然则桌子之何所是，亦将何以摄入致良知中有以解之而予以安置耶？良知断制吾用桌子之行为，亦断制吾造桌子之行为。试就此例而明之。在吾之发念造此桌子也，吾之良知必自知吾此行为之是非善恶而断制之。若知之而不为，则汝对此行为须负责，负此行为之未成为行为之责，因而自愧于意不诚心不正。若此负责之念起，自愧之心生，则必须致良知而成就此行为，以求于无愧、无自欺。此良知天理之所贯彻也。然在此行为之成就中，不能不于桌子有知识。汝当知此桌子之结构本性之何所是，汝当知造桌子之手术程序之何所是。否则，汝将无所措手足。虽有造桌子之诚意，而意不能达；虽有良知天理之判决此行为之必应作，然终无由以施其作。此不得咎良知天理之不足，盖良知天理所负之责任不在此。此应归咎于对造桌子之无知识也。就此观之，造桌子之行为要贯彻而实现，除良知天理以及致良知之天理外，还须有造桌子之知识为条件。一切行为皆须有此知识之条件。[①]

此一长段论述，实已充分说明如下道理：其一，吾人之行为原则上必定或必然可被分为道德之行为和知识之行为，亦即道德创造性之行为和知识创造性之行为，或者"以法则决定之行为"和"以效果决定之行为"，前者是决定或断制"应该或不应该做"，后者则是决定"如何做或如何以最佳方式达到期望之效果"。吾辈研究人之经济行为乃至一切行为，均需对此有

---

① 牟宗三．现象与物自身 [M]．长春：吉林出版集团有限责任公司，2010：158-159.

明确认知或区别，方能对人的行为有全面认识。

显而易见，道德创造性之行为或道德法则所断制之行为，系由一个人所处社会之宗教信仰、道德规范、社会习俗、行为惯例所决定或断制，非由该行为之预期效果来决定，更不是由该行为之预期经济效果来决定。

诸如政治、家庭、婚姻、生育、宗教活动等行为，往往决定一国或一地区之经济发展状况，然此类行为绝非能够以所谓经济动机来解释者。譬如千百年来，基督教社会禁止高利贷，今日某些伊斯兰教社会依然禁止或限制高利率信贷活动，此与经济学者所讨论的"信贷配给"所导致的高利率现象不可相提并论。2001年诺贝尔经济学奖得主阿卡诺夫所致力研究的一些重要现象，诸如种姓制度下的诸多经济现象，实际上无法以所谓现代经济理论解释之，即使声称能够解释，亦是牵强附会的解释。

其二，即使是最纯粹的经济行为，诸如开办公司从事贸易或生产，亦必然包含道德创造性和知识创造性两个部分。显而易见，一个稍具道德约束或自知之明的人，绝不会起心动念去开办一家致力于制造伪劣产品的公司；一个稍具道德信念的人，绝不会起心动念去专心从事欺骗讹诈之金融活动；一个具有高尚道德情操的人从事经济活动，必定以给整个社区、国家乃至全人类做出贡献为职志，即使有赚快钱之捷径而绝不会为之。一个汲汲于蝇头小利乃至坑蒙拐骗之奸诈商人，必不会想到去从事创新的科技开发和教育投资，从而为人类科技和教育做出贡献；一个致力于为人类创造新文明的伟大企业家，必定将全副精力和全部金钱投于创造和创新，从而极大地推进人类文明之进步。

是故一民族、一地区、一国家之经济发展水平、产业结构、技术结构、消费结构等，首先取决于该民族、该地区、该国家平均之道德水平或精神生命之层次。此种重大事实绝非经济学者之效用最大化、投资—消费等分析架构所能解释者。是故,欲解释人类或世界各国之经济发展历史,我们需要详尽理解各国之文化精神发展史,经济史学家所讨论者,实际上是结果而不是原因。

其三,经济学者由于没能区分上述两种行为,仅仅致力研究"以效果决定之行为",从而将许多无法用所谓经济效果来解释的行为一概视为"非理性行为"。实际上,经济学者眼中所看见的所谓非理性行为,那"非理性"成分往往正是"由道德法则而决定的行为",即道德法则或社会习俗决定了人们为何没有按照经济学者所预想的那样去行为。

其四,最重要的是,以上证明了即使是最纯粹的经济行为,亦不是单纯的效用最大化行为,即不是单纯的由效用或功利决定的行为,是故经济学者单纯以效用最大化或局限条件下最大化为公理来建立整个经济学,是非常不完备或具有重大缺陷的。

然而,吾人尤须明白,儒家虽然没有开辟出人心之知识的创造性,没有开辟出现代经验科学知识体系,却并不能因此否定儒家所开辟的人心之道德的创造性或精神生命的创造性。自西方科学引进中国以来,中国人在现代科学发展和技术发明上亦展现出卓越的才能,亦开始做出重大贡献。与此同时,西方文明亦致力"重新发现神圣"(斯图亚特·考夫曼的著作即以《重新发现神圣》[1]为题),越来越多的西方顶级科学家开始醒悟,仅仅依靠经验科学手段,无法发现或贞定人的价值。科学不是价值之源,人心才是价值之源。西方科学家亦开始"反求诸己",亦开始直接从人作为人的主体意义上去寻找价值之源、生命之本(关此,读者可阅读考夫曼《重新发现神圣》一书)。这正是儒圣先哲伟大而不可磨灭之伟大贡献,正可以弥

---

① Stuart A. Kauffman, *Reinventing the Sacred: A New View of Science, Reason, and Religion*, Basic Books, 2008.

补西方思想之不足。

　　诚所谓天下一致而百虑，殊途而同归。人类文明毕竟需要相互借鉴，相互学习，取长补短，融会贯通。唯如此，方可为人类文明开创新格局、开辟新理境、拓展新境界。此所以吾人致力将华夏先哲智慧与西方经济思想融会贯通，以期为经济学开辟一条新的学问路径。

第八章 佛家论人心的道德创造性

佛教的起点源自对宇宙万象的奇特认识，以缘起性空、诸法无常、诸行无我为根本观念。佛教的终极目标是获得无上正等正觉，亦即以证得无生法忍、体法空、荡相遣执而达到成佛的境界。

佛教并无儒家那种强烈的道德意识，并不从正面阐述人的价值生命或道德生命，然而，佛教的佛性理论就是要说明或证明"人人皆有佛性""人人皆能成佛"；佛教的般若智慧就是"荡相遣执""体法空"的智慧；佛教无穷无尽的修行法门正是要引领和教导每个人"解脱""出离""证无生法忍""体法空""体性真相妄""荡相遣执"，直至证得无上正等正觉，到达佛的境界，从这个意义上说，佛教亦是弘扬和提升人的价值生命。

不仅如此，佛教从根本上否定世俗生活，将世俗生活的一切现象皆视作虚妄不实、如幻如化、必欲破执相而求真如，亦即佛教实则从根本上否定人的物质生活，唯独重视人的精神生活。证无上正等正觉、证无生法忍、体法空，纯是精神生活之事，与物质生活毫无关系，相反，物质生活只是人的精神生活之拖累或障碍。佛教力斥的"烦恼障"如贪嗔痴三毒，皆是由人追逐物质生活、贪得无厌所必有，佛教修行法门的第一课就是去除贪嗔痴、破除烦恼障。由此而论，佛教更是纯粹以弘扬和提升人的精神生活或价值生命为唯一宗旨。

正因为此，佛教阐述或创发人心的创造性，可谓戛戛独造，别开生面。佛教将人心的创造性分为识心和智心两个层面。

识心的创造性是对宇宙万象那无穷无尽、如幻如化的现象进行"分别计度"，那无穷无尽、如幻如化的现象正是识心所幻化而成，正是识心"分别计度"或"虚妄分别"而成。唯识宗说三性——依他起性、遍计所执性、圆成实性，其中遍计所执性就是识心的基本功能。吾人所观察到的一切现象，无论是宇宙自然之现象，还是人心理活动的一切现象，皆是识心的遍计所执性所执成者。佛教所讲的"六入"（六根）、"十二处"、"十八界"、"七大"（地、水、风、火、空、见、识），即涵盖了我们通常所说的一切自然现象和心理现象。依照佛教的思维，这些自然现象和心理现象（所谓"相"）皆是因缘和合而有，因缘消散而亡，都是"性真相妄"，所谓"生无自性性"，所谓"相无自性性"，所谓"本非因缘，非自然性"。种种佛经论道，无不竭尽所能，铺排演说此一基本佛理。如《楞严经》卷三反复阐述六入、十二处、十八界、七大"皆是识心分别计度"。

佛教谈识心的幻化现象或对现象的分别计度，是从负面的角度来看，目的正是要让人认识到万事万物种种现象皆是如幻如化、虚妄不实，皆必须破除或出离。

然而，站在现代科学的角度，我们亦可从正面的角度来看识心的创造性。科学知识就是识心幻化或分别计度而成。识心的分别计度或遍计所执性正是科学知识所以成立之条件。佛教从荡相遣执的视角观照一切自然现象和心理现象，力证世间一切现象皆是识心的分别计度，皆是虚妄不实。

科学恰好相反。科学知识之成立，就是要对一切自然现象和心理现象进行分别计度。科学就是要对一切自然现象和心理现象尽可能做最精确、最精细的分析、区别和量度。当代物理学家对物质的分析和量度已经超越基本粒子，进入弦的境界。经济学者亦是持之以恒地对经济现象进行区别、分析和量度，试图以精确的指标来量度人类的经济行为。实证科学或实证经济学就是建立在分别计度的基础之上。有些科学家或经济学家甚至认为不可量度的现象就不是科学研究的对象。

牟宗三先生以令人信服的详尽分析，阐明佛家识心分别计度所成的许多概念与科学知识赖以成立的许多概念乃是"殊途同归"，属同一类概念。

佛家所说的二十四种"不相应行法"，就包括了康德《纯粹理性批判》所深入阐释的人类知识赖以成立之条件，包括感性之形式（即时间和空间）、知性的法则性概念（即各种范畴）。时间、空间、数目概念（包括数学和几何）这些先验的形式和概念，是人类科学知识赖以成立的基本条件。识心之知识的创造性即由此显。识心创造出这些先验的形式和概念以为科学知识或经验知识之条件，识心的分别计度则创造出具体的科学知识或经验知识。① 每个人皆有创造科学知识之潜能，皆有识心之创造性。为何不同的人有不同的科学潜能？有人擅长数学，有人擅长物理，有人擅长化学，有人擅长工程技术，此乃有趣之问题。

佛教并不说识心的创造性，只说识心的虚幻性或虚妄性。所谓"三界唯心，万法唯识"，目的是要"转识成智"。识心转化为智心，人即成佛，佛智有许多名称，如一切种智、正法眼藏等。智心就是如来藏自性清净心，就是人的真心、本心，就是儒家说的自由无限心。

智慧是人心最高的创造性。智慧比知识重要千万倍。有知识者不一定有智慧，有智慧者不一定需要知识。世上有许多知识渊博却缺少智慧之人。整部《楞严经》的缘起就是释迦牟尼为了对治阿难"恃多闻，无定力"的毛病。无定力就无智慧，有智慧必赖定力。定力必须来自智慧，不是来自知识，是故佛家"六度"修行——布施、持戒、忍辱、禅定、精进、智慧，一切一切的修行，终极目的是获得智慧，不是获得知识。

根据佛教教义，获得智慧不仅不是依靠知识，反而正是要将知识化掉，所谓"转识成智"，就是要"荡相遣执"，荡相遣执其实就是要化掉知识、去除执着。老子亦是如此教导，所谓"为学日益，为道日损"。追求知识当

---

① 牟宗三．中国哲学十九讲 [M]．长春：吉林出版集团有限责任公司，2010：209-242.

然是越多越好，但要追求智慧，却不是知识越多越好，向外追逐愈多，心向外驰，反而离道愈远，所以老子喜欢说"为学日益，为道日损"。佛教"转识成智"，如何转？这是佛家最大的学问和秘密之所在，也是人心最大的创造性之所在。人能转识成智，能证无上正等正觉，能成佛，能透悟天地万物一切的本质，能观照天地万物、世间一切的真相，那是多么大的创造性？那当然是最高的创造性。

有智慧者不一定需要知识，他可以需要知识，亦可以不需要知识，需要时就需要，不需要时就可以化掉。这就是宗三先生所说的"无而能有，有而能无"。佛教高僧大德里，尽有许多慧根深厚的智者，一听闻佛法即刻悟道。六祖慧能就是最杰出的代表。相传六祖慧能出身贫寒，未曾开蒙上学，街上卖柴求生之时，偶闻《金刚经》，即刻悟道。这种创造性堪称神奇！悟道之人，必是心具有最高创造性之人。

佛家：心的秩序就是宇宙秩序

前已论及，佛家思想体系亦是一庞大谨严的心学体系。佛家亦发展出"心的秩序就是宇宙秩序"之理念和理境。

佛家"心的秩序就是宇宙秩序"之思维和理境极其广大深远，直达至那浩淼深邃无限之境，直通达那无限多个宇宙、无限多个世界之境，直覆盖那不可思议的三千大千世界或十法界，直从欲界、色界、无色界升腾至阿罗汉、辟支佛乃至菩萨和佛的境界，最终达到无所不包无所不含的"圆教"境界。

佛家并不直接讲道德秩序，却对心的秩序（心）的解析极其深刻、细致和完备，佛家所言的宇宙秩序（或物质宇宙之一切现象）不同于科学所言的物质宇宙一切现象，亦不同于儒圣所讲的物质宇宙一切现象，其对于物质宇宙万事万物之解析自具有其独特和高远之胜景，令人深思而神往。

任何理境深邃的宗教和思想流派，必定要对宇宙万物、人生社会的根源做出说明。基督教如此，儒圣心学如此，佛教也不例外。佛教对宇宙万物、人生根源之说明可谓石破天惊，亦可谓奇峰突出，意蕴无穷。释迦牟尼佛首创"缘起性空"之说，以十二缘生为最基本教义。十二缘生初看起来似乎只是说明人的心理现象（烦恼）或各种意识的起源，实际上十二缘生的基本教义本质上就是对宇宙万物人生的一个根源的说明。

熊十力先生《略释十二缘生》中有云："释迦创立十二缘生，成立缘生义，以此说明人生所由生，宇宙所由始，反对大自在天造成万物之谬说。释迦氏天才卓然，于斯可见。"① 十二缘生首支为无明，次支为行，第三支为识。十力先生说："为什么十二支竟将无明、行、识特从五蕴中提出为三支而居首？又将五蕴总称名色支，紧接于无明、行、识三支之后？余怀疑年久，最后始悟：释迦盖以无明、行、识三支，是乃宇宙之根源（此中宇宙一词，即包含人生在内）。故无明、行、识三支是就宇宙根源而言也。"②

无明、行、识皆是人心之作用（或造作），或者准确地说，皆是识心之作用。所以后世佛教特重视对于"识"的解析和认识，种种复杂理论思辨，皆由此产生。要而言之，佛家自释迦牟尼创教伊始，即以人心（识心）为宇宙万物生灭流转之现象之根源。诚所谓心（识心）之秩序即是宇宙秩序也，心（识心）即是宇宙万物人生社会之根源也。

---

① 熊十力. 存斋随笔 [M]. 上海：上海书店出版社，2007：5-6.
② 同上，p11。

《涅槃经》有云："善男子，一切众生，身及烦恼俱无先后，一时而有。虽一时有，要因烦恼而得有身，终不因身而有烦恼也。"烦恼就是识心之作用或造作，识心之作用或造作乃是人得有其身之根源，并非因为有身而有烦恼，此真是佛家之奇特洞见。

换成现代哲学语言言之，佛家乃是彻底的唯心论或唯识论（识即是心，识心也）。正如十力先生所说："佛教大小乘各宗派一致敬守十二缘生说，勿敢违背，勿敢舍失。"正因为此乃佛教最原创、最基本之理论也，它以人心（识心）之作用或造作为宇宙万有之元。表面看，此与吾华夏儒圣心学大宗之"乾知大始"（乾就是心，知乃是主宰，大始乃是宇宙万有之开端或起源）似乎有异曲同工之妙，二者皆以人心为宇宙万有之元。然而本质上，儒圣之人心（心体）与释迦之人心（识心或心体）却差之毫厘，谬以千里。此意随后详述。此处只说明释迦之核心思想，乃是"心之秩序就是宇宙秩序"。

空宗一往谈空，深远无极，亦是从十二缘生学说演变而来，要义则是荡相遣执、转识成智。唯识宗兴起，即以阿赖耶识为一切法之依止，也就是以阿赖耶识为万有之根源。然而阿赖耶识只是虚妄的识心，只能说明一切法的生死流转，只能说明生灭法、染污法，不能说明清净的功德法，所以佛家思想发展的第三阶段必然是如来藏自性清净心，以如来藏自性清净心来说明一切法的依止或宇宙万有之根源。《大乘起信论》发展出"一心开二门"的理境，意在说明如来藏自性清净心既是清净功德法的根源，亦是生灭染污法的根源，此所谓一心开二门。因此，佛教思想数千年的演变发展，要皆以解析和认知"心"（识心、智心）为枢纽。说佛家之核心思想是"心的秩序就是宇宙秩序"，确是简洁准确的概括。

识心或阿赖耶识如何生成种种生灭染污法，如何生成种种烦恼苦痛

（五蕴名色直至生老死），如何生成种种颠倒梦幻，如何让众生沉溺生死苦海、沦没无依，如何生成世间无量无数之种种苦难和灾祸，佛家言之最详尽。就此方面言之，古今一切宗教和思想流派，鲜有超越佛家者，此为佛家殊胜和奇特之处，所以佛教乃是古往今来最完备、最细腻、最深刻之心理学，因为佛家的终极追求是度众生出离生死苦海，趣入佛国净土，所以必当将人间世之一切烦恼、苦难、灾祸之根源或繁复演变阐释得透彻精辟。佛家对人生烦恼、苦痛、灾难分析洞察之透辟，实足以豁醒人生，警醒芸芸众生思考人生真谛。

然而，佛家真正奇特和殊胜之处，却是其度众生出离生死苦海的种种奇特法门和修行功夫。

要而言之，就是四个字"转识成智"。转识成智就是转变"识心"为"智心"，就是出离生灭流转法（它为识心所生），证得清净寂灭法或清净功德法，证得无上正等正觉。佛家对识或识心的解析和理解极其透彻精深，对智心的体悟亦独具特色。佛家言三种智：一切智、道种智和一切种智。一切种智是佛之究竟智，是最高的智慧，是达到究竟涅槃之最高智慧，彻悟诸法实相（实相一相，所谓无相，即是如相），彻悟诸法非空非假、非假非空、即假即空、即空即假；一切种智就是所谓彻法源底、通天通地、具三千大千世界、具九法界或十法界一起成佛之最高智慧，达到圆教之最高境界。转识成智就是要通过修行达到或证悟一切种智或佛智。佛家的全部功夫就在这个"转"，佛家的一切思想、理境、戒律、法门、功夫，皆为达此目的。

是故转识成智，寥寥四字，实则蕴含佛家全部精髓，推演起来则无穷无尽。所以吾以为全部佛法可以八个字概括之：缘起性空、转识成智。缘起性空给宇宙万物一切一切一个根源的说法或理论（所谓三界唯心，万法唯识），阐明宇宙万有皆因识心流转而成，皆无实性，皆非实相；转识成智则给宇宙万有尤其人生指出一个终极方向，那就是立志修行以达到一切种智或佛智，亦即脱离生灭流转法的生死苦海，直达佛国净土或寂静涅槃之境界。

为达此目的，佛家数千年来发明出数之不尽以至无穷多样的修行法门。佛教众多门派或宗派之区别，要而言之，主要是"转识成智"之"如何转"之功夫或技巧或法门或办法各有不同，各有殊胜，各有擅长，那无穷无尽之修行法门之神奇神秘，实在是令人叹为观止。从最简单的研读佛经、心念咒语、禅修打坐、剃度受戒，一直到凡夫俗子难以置信的种种神奇法门（如密宗修行的种种神奇法门），其精华要义皆不出所谓"六度"和"四摄"，然其演变之繁复和精彩则犹如汪洋大海，神妙莫测。万川归海，万法归一，转识成智之无穷无尽的神奇法门，皆为识得本心，证得本心，回归本心。所谓"即心成佛"或"即心是佛，无心为道"，此与孟子首倡之"学问之道无他，求其放心而已矣"或"反身而诚"或"尽心知性知天"却有异曲同工之妙。

所以牟宗三先生说："孟子的灵魂，在中国佛学人物中，先后得到两次复苏或再现。第一次是竺道生，第二次是禅宗的六祖慧能。换句话说，竺道生是孟子灵魂在后世的第一步（次）化身，而六祖慧能是孟子灵魂在后世的第二步（次）化身。"[①] 为何如此说，盖因为孟子、竺道生、六祖慧能皆特别着重本心真切的顿悟，他们皆直指本心，不假外求。

综上所述，我们看出佛家思想实为"心之秩序就是宇宙秩序"，其修行功夫就是识得本心或回归本心，从基本的理境架构和修行功夫上看，佛家

---

① 牟宗三.中国哲学的特质 [M].长春：吉林出版集团有限责任公司，2010：95.

与儒家并无差别，皆是心学体系。儒佛之判亦不在此，儒佛之判端在二者对心之本质的看法有异。佛家之心的本质是所谓真常心或如来藏自性清净心，它没有创生或创造的功能；儒家之心则是"乾知大始""赞天地之化育"之创造性或创生性的本心。所谓差之毫厘，谬以千里，儒佛二家之根本差别就只是那么一点点，却是最根本的那一点。

第九章

佛家论心之结构和心之创造性机理

佛家解析心之结构

东方文明所孕育的思想里，佛家对心的内在机制有独到之理解。唯识宗是佛家思想发展至最后阶段之产物，唯识宗之"唯"非是"唯一"之义，乃是"殊胜"之义。殊胜者，势用或作用特殊也。"一切法中，识用殊胜，推识为主，故首心法。二者心所法，是心助伴，故不离识。三者色法，识所变故，故不离识。四者心不相应行法，是色心分位故，皆不离识。五者无为法，是识实性故，亦不离识。"[①] 是故唯识宗乃是以识为主，以识总摄一切法。识就是心，唯识宗亦可名曰唯心宗，以心总摄一切法。盖识本有多名，曰心，曰意，曰了别，曰分别，曰现行。

佛家以心总摄一切法，故必然要系统深入剖析心之结构和心之内在运行机制。佛家论识或心之奇特处，概而言之，约为数端。

其一，佛家将心一分为八，所谓八识是也，即：眼识、耳识、鼻识、舌识、身识、意识、末那识、阿赖耶识。八识之分，意蕴无穷，盖佛家以为所谓心并非是人体中某一特殊部位或器官也，乃是遍及全身无处不在也，前五识虽自有分别，然每一识起，则意识与之俱起，佛家有所谓"五俱意识"。

此与现代脑科学和心理学之发现实有暗合之处。心理学家已经发现，人类身体里并没有一个"中枢神经或中央处理系统"来指导记忆、思维、想象、语言等一切我们称之为"意识"的活动。美国心理学先驱威廉·詹姆斯 1874 年写道："思维在任何阶段都像是一个舞台，上演着各种并发的可能性。意识在这些可能性互相对比的过程中起起落落，选此即抑彼。"人

---

① 熊十力.佛家名相通释 [M].上海：上海书店出版社，2007：105-106.

工智能先驱马文·明斯基则认为许多微小的反应相互作用，甚至是通过相互竞争和喧闹的过程而形成知觉意识。彼此各异的思智们吵闹着，共同形成了我们所认为的统一的智慧。明斯基认为，智能活动产生于"几乎各自离散的个体，是为了几乎各自独立的目的而结合的松散的联盟"。明斯基将这种微小心智的相互独立、相互竞争又相互联合的体系称为"心智社会"，具有一种微混沌特性。

要而言之，我们实际上没有一个集中统一的中央指挥系统或某一个中心部分可以被称为心或识。佛家所说的心、识、意等乃是从一个分布式、去中心化的微智能体系里"涌现或突变"出来的。佛家所谓"五俱意识"，确与当代科学所发现的分布式心智系统有某些惊人的暗合之处。

其二，佛家将心一分为八（小乘只有前六识，大乘添末那第七识和阿赖耶第八识），殊为奇特。尤为奇特的是，佛家更将每一心细分为一个心王和多数心所。

何为心所？熊十力先生《佛家名相通释》有曰："通途谈心，隐然若有一整个的物事，名之曰心。而佛家则正欲对治此等观念，于是以解析之方便，分析此识，而说有六，所谓眼识、耳识、鼻识、舌识、身识、意识是也。未几更析之为八，于前六识外，加第七末那识，及第八阿赖耶识。如此，则心已不是整个的物事了。然犹以为未足，又更于每一心之中，分析心与心所。如眼识，并不是一个整体，它是心及许多心所类聚而成。因此，可名眼识聚。将眼识与耳识等对待而谈，眼识便是独立的一种识。但就眼识本身说，它还不是一个独立的整体，却是心及许多心所的类聚，而强名为一个眼识。心是一，心所便多。心所虽多，皆依一心而与之相应合作。心以一故，乃于诸心所而为之主。无主，则心所既多，将纷然无所系属，多不能制多，故心以一而为多所之主也。由此，心亦名王。故一个眼识，实为王所之类聚而成。眼识如是，耳识乃至第八阿赖耶识，皆应准知。"①

细究十力先生此段阐释，最可注意者有三。

其一，心不是整个的物事，佛家的根本教义和思维方式就是破执，故极善用解析之术，心被解析为一个心王和多个心所，实际上我们已经无从知道"心是什么了"。

其二，心所究竟是什么，佛家无有说明，十力先生此释亦未说明。然佛家又说"诸心所各有自性，但依止于心，而与心相应故"。心所各有自性，心亦各有自性，心所只是依止于心而已，非无自性也。不仅如此，佛家唯识宗更建立种子义。"一切心、心所、相、见分，即所谓诸行是也。彼计诸行，各各有自种子为生因。"十力先生有曰："唯识家说种子，便异诸行而有实物。"依此而论，则心却又是一个有实物的物事，非是一个空空如也的物事。那么，佛家所说的种子究竟是什么呢？此问题究难回答。然而从理解心的基本思维路向来看，佛家心—心所—种子之解析逻辑，确实有其独特的意蕴。

所谓种子，难道就是后世物理学者所说的量子乎？所谓心所，难道就是无数量子所形成的一种量子状态或量子纠缠状态乎？依此而论，每一个心之心所，不仅多，而且无量无数，因为量子状态原则上是无限多样。佛家所说的心和心所之类聚，实际上是综括而言之，即所谓心，实际上是此心之无限可能或无限多样之状态所总而言之。因为本质上我们无从给"心或识"一个定义，所谓心或识只是"了别功能"的另外一个说法。

譬如眼识，我们无从给眼识一个定义，眼识亦不是一个整体的物事，眼识只是我们了别色境的功能而已。眼识所能了别的色境原本就是无穷无尽或

---

① 熊十力.佛家名相通释[M].上海：上海书店出版社，2007：32-33.

无限多样的，故所谓眼识就是无限多样的可能性状态之总和或类聚。每了别一个色境，就是一个不同的状态。因此，如果我们接受佛家心所之概念，则我们可以补充之，即心所乃是一种可能的状态（概率意义上可能的状态），故心所是无限多样的，心所之种子则与今日物理学所说的量子类似。种子亦可细分下去，正如量子亦可细分下去。分析到最后，当然是无或无限接近于无。

其三，十力先生说："心以一故，乃于诸心所而为之主。无主，则心所既多，将纷然无所系属，多不能制多，故心以一而为多所之主也。由此，心亦名王。"① 依照以上分析，心本身乃是无限多个可能状态之总和，并没有一个可以依止的实体，故所谓心王之说并不成立或者是多余的叙述。

十力先生《新唯识论》第八章"明心上"以性释心，以习气或习心释心所，以习气或习心之潜伏未现释种子，以区别佛家唯识宗种子之义。细究十力先生之意蕴，乃是以儒家超越意义之性（所谓性，乃是超越意义的人之本质或本体）释心，而以后起之习气或习心释心所。《唯识三十论》言："心于所缘，唯取总相；心所于彼，亦取别相。"此处所说总相，究竟是何种相，殊难甄别。盖某一心所取或所缘之境，譬如眼识（眼识即眼心是也）于所缘之色境（如红色境）所取之总相，究竟是什么样子呢？佛家似乎没有精细说明，十力先生亦未深究。而为每一心之助伴者之心所，其所缘总相或别相，则有非常具体之内容，如眼识（眼心）之心所，当其缘红色之时，必然起现各种特别的红色（亦即因红色而起细微的差别），并因此生出各种细微的情感或喜好，如有人喜欢浅红色，有人喜欢鲜红色，有人喜欢暗红色，有人喜欢火红色，如此等等，其差别乃至无穷无尽也；红色于不同人往往代表各各不同之意思或象征，如分别象征热烈、激情、希望、朝

---

① 熊十力. 佛家名相通释 [M]. 上海：上海书店出版社，2007：33.

气、奋斗等。是故所谓心所及其潜伏之状态（种子），原本是无穷无尽的。唯识宗说心所只有五十一个，盖总而言之，若细分之，则无穷无尽，无法尽述；然而唯识宗说种子无数无量，所谓"阿赖耶识甚深细，无量种子如瀑流"。既然种子无数无量，种子又是心所之潜伏状态或潜伏未现之心所，则心所必然无量无数也。

心所往往缘经验现象而起，或者因日常生活经验日积月累而起，吾人现实生活之日常经验或体验当然是无穷无尽或无限多样，是故人之心所之起现亦必然无穷无尽。此即是人之情感纠缠、心理感受、生活体验（喜怒哀乐、悲欢离合）之无穷无尽也，亦是人之知识或真理创造性之无穷无尽也。

人乃是最伟大之灵性动物，亦是最麻烦之灵性动物。古往今来，天才之文学家、艺术家、音乐家、诗人等灿若群星，文学家、艺术家以刻画描写人类情感为己任，数千年来，无论涌现多少伟大文学家、艺术家，亦不能刻画描写人类情感之万一。情感者，心所也；心理者，心所也。古往今来，天才科学家和学术大师亦灿若群星，为人类知识和真理之积累贡献甚巨。每一个科学家和学问大家之专长各各不同，人类知识之积累和真理之发现才能异彩纷呈。科学家和普通人观察同一现象，其心所起现之强度或专注之方向盖各各不同。科学家特异于普通人者，盖科学家因为日积月累之科学训练，能发人所未发，见人所未见。经验之积累和训练，则是为了让某些心所功能或势用特别发达也。故一旦遇见某类现象或事实，科学家之某一类心所则立刻起现加以了别（心所者，了别也）。知识和真理即是因为科学家之心所了别经验现象而起。

佛家所谓了别，就是通途所说的分析、归纳、综合、联想、想象乃至概念和范畴的建立。故从以上分析，我们可以肯定，心所绝对不止五十一个，乃是无穷无尽或无限多个也。是故人类之情感和知识发现之途径或可能性亦是无穷无尽也。无论是人类心理情感之心所，还是通过了别经验事实获取的经验知识之心所，皆是无穷无尽。原则上，我们可以说，每时每刻，人之情感心所或知识心所皆处于某种不确定的量子状态，我们无法预知人之情感的下一刻会处于何种状态。因为任何一个新的情景都会导致人之情感发生变化，哪怕是一个眼神或一句话皆足以改变人的情感状态。此是人之最可爱处，亦是人最麻烦处。我们亦无法预知人之知识思维的下一刻状态是什么，某个契机之触动，立刻会引人思绪万千，心思活动遨游于广袤宇宙之间。科学家常有这样的经验，思考某个问题长期不得其解，某一个时刻却被一个毫不相关的契机触发，竟然得到长期求之不得的答案。所谓"众里寻他千百度，蓦然回首，那人却在，灯火阑珊处"。人心之创造性过程奇妙无比，常有意想不到之奇迹出现。《易经》所谓神感神应，盖亦是惊叹人之智慧和创造力之奇妙。

其三，心之立体的结构。佛家认识论的基本目标就是要证明"诸行无常"，是故佛家解析现象极为精严。经过佛家的解析，任何现象皆不是完整的物事。什么是"人"？佛家认为根本就没有"人"这个物事，所谓人只是诸烦恼的聚集或五取蕴。什么是人心？佛家以为根本没有一个完整的物事可以被称为心，遂将心逐层分解，直至将心分为一个多元要素组合而成的立体结构或多元要素的聚集物。小乘已将心分为六个部分，即所谓六识，从眼识到意。大乘盛宣末那识和阿赖耶识，心则分为八个部分，所谓八识是也。

八识已经有一个层次结构。十力先生认为，佛家所说八识，可以分为三重。"初重为六识，通缘内外，粗动而有为作；次重为末那识，恒内缘赖耶，执为自我，似静而不静；三重为赖耶，受熏持种，动而无为。"[1]

---

① 熊十力. 佛家名相通释 [M]. 上海：上海书店出版社，2007：112.

故佛家将心分为三层结构，由外而内，由表及里。外者即前六识，盖为人类一切情感和知识所由生之根源；末那识则是连接前六识与阿赖耶识的桥梁；阿赖耶识则摄持所有识（前七识并阿赖耶识）之种子，为一切心之总根源，是故三藏法师玄奘称阿赖耶识为"去后来先做主公"，即使人之肉身死亡之后，阿赖耶识似乎依然存在（说依然者，因为佛家没有完整明确说明人之肉身死去之后，阿赖耶识必定存在）。阿赖耶识虽然恒转如瀑流，却是动而无为，深隐难测。所谓"阿赖耶识甚深细，一切种子如瀑流"。佛家即以此说明宇宙万物或宇宙万象之总根源或总起源。阿赖耶识摄持或潜藏一切心或识的种子，八识或八心的种子皆为阿赖耶识所摄持或潜藏，是故阿赖耶识就是宇宙万有或万象之总根源。然而种子究竟为何物？种子又从何而生？种子又可被细分为何物？佛家盖未有深谈。

此颇像现代物理学谈物质之结构，从宇宙大物质（无量星体和地球生命）一直谈到基本粒子，基本粒子亦可细分下去，直至分无可分，一无所有却又涵盖一切，所谓一切是无，无即一切。物理学之基本粒子亦颇类似佛家所说的种子，基本粒子无数无量，种子亦是无数无量。佛家"前六识—末那识—阿赖耶识"之三层结构之心，其实就是宇宙万象或万物之演化或生长结构。此结构亦颇类似道家所说的"天地万物生于有，有生于无"。盖根据佛家"三界唯心，万法唯识"的基本认识论，宇宙万象或万物无非是前六识（眼识至意识）所了别之境，宇宙万象或万物绝无离开前六识而独在者，即如十力先生《新唯识论》开篇所说："宇宙本体非是离自心外在境界及非知识所行境界。"末那识是前六识和阿赖耶识之连接或桥梁，其本质特征则是执为自我，恒思量我相，亦即是执为有。末那识则以阿赖耶识为根本（所谓内缘赖耶）。阿赖耶识则是动而无为，深隐不显，妙不可测，诚为无也。佛家解析心之结构由表及里，由外而内，以说明宇宙万象或万有之起源，亦类似道家所谓"天地万物生于有，有生于无"之基本思维。

然而佛家犹以为未足，更将每个心解析为心和心所，心为一，心所则是多，原则上心所可为无限多，此如前述，虽然佛家一般谈心所只说五十一个。佛家更进一步，以为每个心和心所皆有自家种子，是故种子成为无量无限。

心和心所之间的关系究竟如何？佛家以为心所是心之助伴或心之眷属。心所如何助伴心或心王（心又名心王）？佛家没有说得显明，十力先生《佛家名相通释》亦未有深切著明之阐释。我上一节已略微阐释心所和心之关系，此不赘述。

何为种子？依据佛家论籍，种子有六义，第四义曰决定，第五义曰引自果，总而言之，种子为识所生之因，识则为种子所生之果。不仅如此，佛家还将阿赖耶识解析为四分或相见二分，所谓见分就是能缘，相分则是所缘。又将所缘相分分为三层：第一层为种子，第二层为清净色根，第三层为器界。阿赖耶识为"万有基"，其所缘相分之三层结构亦颇类似八识之三层结构或道家认识论之三层结构。

除此之外，佛家所解析之心还有一个三层结构，即"根—境—识"或"根—识—物"的三层结构，此结构亦颇值得仔细寻思。

最后，佛家发展至最后阶段乃提出如来藏自性清净心之"一心开二门"的理境结构，成为佛家最后思想之总结或佛家全部思想统一之架构。佛家对于心之结构之认识，至此登峰造极，达造化之境。

佛家对心之结构之解析极为繁复，却极具启发性。

吾人对世界之认识各各不同，各个不同的人，其心之某一侧面（眼、耳、鼻、舌、身、意）发达程度或敏感程度互不相同。有人眼力极为敏感，观察力极强，所谓眼观六路，堪为多方面的工程技术人才（如测量、工程制图、天文观测、水文观测等）；有人耳力极强，听觉极为敏感，所谓耳听八方，能成为伟大的音乐家；有人鼻力和舌力极强，嗅觉和味觉极为敏感，能够助力多方面专业技能（如品酒师、厨师、医师、侦探等）；有人身体极为敏感，能够快速感知外部世界的细微变化；有人意识力极强，能够上天入地，超越时空，一切伟大的科学家、艺术家、哲学家或思想者，无不是意识力超强之人，或者具有超越的意识能力。

　　然而，无论多么天才卓绝之人，对世界的认识都只是微不足道的一点点，所谓管中窥豹，所谓盲人摸象是也。人是有限的存在，人之认识机能绝无可能对世界或宇宙自然有一个全面和完整的认识。人之偏见亦由此而生。我所知者与汝所知者，固不相同；此实为不可解之问题，因为每个人之心之结构总有细微的差别。两个人对同一个现象之认识，只有无限近似或无限接近之可能，绝无完全相同之可能。科学家早已发现，即使是一直一起生长的孪生子，他们（她们）对于一个相同的现象之理解亦往往有重大差别。此所以我们需要容忍不同的观念和理论。当然，既然都是人，其心之结构确然有许多共同之处，是故人类对某些现象或绝大多数现象之认识，总能达到大体相同或相似的程度，否则人类共同生活之进步则完全不可能。

　　从认识论角度考察，西哲康德其实亦有类似的心之结构之义。牟宗三先生说："依康德，我们人类的感性主体去摄取外物以为对象实在一定样式下摄取之。一定样式依两义而被规定：一是我们的感性主体之特殊的构造，如眼、耳、鼻、舌、身、意之特殊构造；另一是必须依时空之形式去摄取。"[1]

---

① 牟宗三.现象与物自身 [M].长春：吉林出版集团有限责任公司，2010：112.

佛家早已揭示意识或心的秘密：智心和识心之本质区别

佛家谈心，首倡心之结构学说，最有意趣。佛家首先分心为八种：眼、耳、鼻、舌、身、意、末那、阿赖耶，此八识虽名为识，其实是八种心。八识乃是相习已久之名词。后来佛家将每个识分为心和心所，唯识家又建立种子之说，心和心所俱有独立之种子，遂成为"种子—心—心所"之复杂结构。此是第一层意义的结构或第一层结构，盖为初步之区分也。

古今重要宗教哲学流派里，佛教对人心或意识之解析最为精严，即使在科学发达之今日，佛家对人心发动或意识发生之机制的解析，仍有深刻的借鉴意义。佛家对于人心，盖有多样说法，总而言之，则至少有三层意蕴。

其一，识心和智心之别，或染污心和清净心之别，或有漏心和无漏心之别，或阿赖耶识心和如来藏自性清净心之别。数千年以来，佛家谈心，综其要旨，始终围绕识心和智心之分别展开。

其二，根、识（心）、境三分。根、识、境三分乃是佛家一特别的分析架构。其分别和解析甚为微妙，粗心大意者难以理喻。佛家所谓根，并非凡俗所谓肉体意义的根，如从肉眼、肉耳、肉鼻、肉舌直到肉身。佛家所谓根，是所谓净色根。"唯净色根，乃人体中最贵之部分，无此，则不成为生机体矣"（熊十力《佛家名相通释》）。那么佛家所谓根或净色根究竟为何物？既非凡俗所谓的肉根，那可真是"难可了之"了，自然亦非当代科学家所说的神经元。难道所谓净色根就是凡俗所说之"灵气"或"灵气之源"吗？"净色根"一词语，其实隐含着一切意识之根源，实在需要系统精严之深思。佛家又说，根或净色根以识为主，即是识所发生之枢纽或机括。识待根而发动，根助识发动，却又说"识依根及境生，而不从根境亲生"。此意蕴甚是微妙难测。根只是助识生，纵然是识之发动之机括或枢纽，却不是识之根源。那么，识之根源是什么呢？大乘有宗由此再进一步，发明种子之说，以说明各种识之根源，实乃是心和各种心所之根源或种子。识与根互相依住，识与境（物）亦互相依住。其间关系可谓甚深微妙，实在难以清晰辨识。

要而言之，根、识、境互相依住之关系，则形成佛家独特的宇宙论、认识论和人生论。既不可以唯心论概括之，亦不可以唯物论概括之。佛家乃是非心非物、即心即物。此等甚深微妙理境，于今日我们理解意识、情感、认知和智慧之根源或机制，难道不是具有极大启发意义吗？简而言之，根与识、识与境，亦是一种特别的二元论。心物二元论是也。

宇宙万事万物，要其根源，总不离二元论。唯有二元论，方能起生生不息之辩证发展之动态演化之历程。此乃是我华夏圣哲数千年乃至万年之前已经体悟到的宇宙之根本真理或最高真理也。《易经》之根本大义亦是二元论——阴阳二元论、乾坤二元论、心物二元论、动静二元论、体用二元论、人与自然二元论，等等，皆源自《易经》之伟大的原初智慧，亦是最高智慧。佛家对于人心、意识、情感、认知和智慧之解析，无论如何细密和精严，总不出于二元论之辩证发展之范围。佛家理境演变之最后境界乃是《大乘起信论》之一心开二门，此当然是一个二元论和辩证演化的理境架构。一心开二门之理境架构，实乃佛家解析人心之最高理境架构。

其三，心和心所之分。佛家，尤其是大乘有宗对于心和心所之分，解析至为细密和精严。虽然佛家如此繁复解析心和心所乃为说明人生各种悲苦烦恼（生死苦海）以及超脱（解脱）无穷悲苦烦恼（出离生死苦海）之妙法或修行门径，然而佛家心和心所之分别和精妙细密之解析，对于今日我们理解人的意识、情感、认知和智慧之起源或发生机制，实有多重启发，未堪忽略。

先说第一层意蕴。识心和智心之分别，或染污心和清净心之分别，或有漏心和无漏心之分别，或阿赖耶识心和如来藏自性清净心之分别，若概而言之，则可以综括为佛家意义的"人心二元论"。二元者，盖意谓人心确有相反相成两种力量或势力或潜在的动能也。佛家哲学发展演变繁复，自是一辩证曲折发展之历程。自《阿含经》首倡十二缘生学说，释迦即立定"缘起性空"之教义规模，解析识心之各种表现和起现机制尤其精审严格。缘起性空之缘总说有十二缘，其要害则是识。

识者，心也；识者，心之作用也。然而此心却非人之本心，乃是与本心相对或对反之染污心。识心、染污心、有漏心、阿赖耶识心名称各异，要旨皆是描述和解析那生灭流转、刹那变化之识心，熊十力先生亦称其为习心。释迦首创十二缘生说，以说明宇宙万象皆非实有，如梦如幻，如露如电，刹那生灭，无有暂住，以此证实释迦独创之生死苦海出离之法。

《缘起圣道经》有云："尔时，世尊告诸大众：'吾未证得三菩提时，独处空闲，寂然宴坐，发意思惟（维），甚奇世间，沉沦苦海，都不觉知出离之法，深可哀愍。谓虽有生，有老有死，此没彼生，而诸有情不能如实知生老死出离之法。'"

释迦世尊宣讲十二缘生之义，栩栩如生，趣味盎然。其演说出离之法尤为亲切实在："无明灭故，行灭。行灭故识灭，识灭故名色灭，名色灭故六入处灭，六入处灭故触灭，触灭故受灭，受灭故爱灭，爱灭故取灭，取灭故有灭，有灭故生灭，生灭故老病死、忧悲恼苦灭。如是如是，纯大苦聚灭。"（引自《杂阿含经》）由此可知，出离之法乃释迦根本大法，基础则是十二缘生。十二缘生之要义则是识心之发用和起现。

十二缘生，初无明支，次行支，三识支，四名色支，五六入处支，六触支，七受支，八爱支，九取支，十有支，十一生支，十二老死支。无明缘行，行缘识，识缘名色，名色缘六处，六处缘触，触缘受，受缘爱，爱缘取，取缘有，有缘生，生缘老死。

历来佛学研究者解释十二缘生，意思略有差别，要旨则无不同。十二缘生之本质，端在识心或染污心之生灭流转、起惑造业、颠倒梦幻，人生因此而有无限苦难烦恼，所谓生死苦海，沦没无依。释迦后学高僧大德皆一致奉行十二缘生义，虽解读演绎纷繁异途，各有高致，各有千秋，各有精彩，各有理境，然而十二缘生义之本质则信守不二，无有乖离。

佛学有所谓"三法印"之说。一曰诸行无常，二曰一切法无我，三曰寂静涅槃。熊十力先生说："大乘提出三法印，以勘定各宗派之说，凡合于三法印者，皆是佛说，有不合者，即非佛说。自三法印出，而后小宗于大乘无可诤论，由此可见三法印是佛法全体之宗趣所在。"[①] 实则三法印之基本思想亦是从十二缘生学说演变而来。因此我们说，佛家人心之学说，以识心或染污心之解析为出发点，以识心或染污心之透彻阐释为主要着力点，当无异议。释迦原始思想以人生论为主，人生论就是十二缘生学说；释迦原始思想并无独立的宇宙论，"宇宙论即并没于人生论中，故不另谈宇宙论"。（熊十力语）

释迦灭度后约 400 年，龙树菩萨降临人世，力倡空宗学说，诚所谓"空宗一往谈空，深远无极"（熊十力先生语）。空宗以"缘起性空"为基本要义，以"荡相遣执"为基本目的，思想源头当然是释迦原始之十二缘生论。空宗之重心依然是识心或染污心的解析。空宗之重要贡献是阐发"中道论"：众因缘生法，我说即是空，亦为是假名，亦是中道义。中道义当然是极高的智慧，即是佛智。识得中道义，则真俗不二，染净不二，识智不二。空宗以此创发人心之创造真机或真实意义，意蕴无穷，千言万语实难道得。

---

① 熊十力. 新唯识论 [M]. 北京：中国人民大学出版社，2006：6.

然而空宗毕竟对宇宙万法（色心诸法）之存在没有一个根源的说明，是故空宗末流则有耽空之弊。大乘有宗正是为救空宗之弊而起，无着和世亲两兄弟力倡大有，遂有所谓阿赖耶识和种子学说。佛家对于人心之认识乃进入一个新的阶段。

佛家谈心、心所、五蕴等，虽极烦琐，然所揭示之意蕴，所开辟之理境，确乎深远无极，殊堪玩味，于透彻理解人心之创造性或创造性之心之结构，尤具无限启发力。唯识论开山宗师世亲菩萨亲造《百法明门论》，盛张唯识之学，盖取百法之数：即心法八，心所法五十有一，色法十一，不相应行法二十有四，无为法六，合得百法之数。

熊十力先生曰："云何唯识？以一切法不离识故。说识名唯，非谓唯有识故，方置唯言。一切法中，识用殊胜，推识为主，故首心法。二者心所法，是心助伴，故不离识。三者色法，识所变故，故不离识。四者心不相应行法，是色心分位故，皆不离识。五者无为法，是识实性故，亦不离识。是故以《百法》与《五蕴》对观，《五蕴》只分析一切法，识与诸法，平列而谈。法相家立说之旨，即此可见。《百法》则识为主，以之总摄一切法，而成立唯识论之统系。"[①]

以创造性之心之内在结构观之，心—心所—色法—不相应行法—无为法，即是创造性之心之内在结构的一种深刻说明或阐释，其内在联系之机制需要深入研究者，盖亦多矣。譬如：一切法中，首推心法，以心法（识）总摄一切法，那么，此统摄一切法之心究竟是物质意义之心还是非物质意义之心？或者说此心是否具有物理学或生理学的意义？既是识心，当然就不是超越意义的智心或自性清净之心，当该是牟宗三先生所说的"识心之

---

① 熊十力.佛家名相通释[M].上海：上海书店出版社，2007：105-106.

执"意义上的心或识心。

识心之执之内在结构决定了识心之执之创造性的机理或机制。智心或自性清净心则是一体平铺，无偶无对，自然没有结构可言，所谓灵光独耀，迥然无对，盖智心照耀一切，乃是一体皆如，一知全知。识心之执则与一切现象为对偶，必然具有一种内在结构所决定的内在机理或机制。我们深入理解识心之创造性，就是要清楚理解识心之内在结构所决定的机制或机理。

牟宗三先生说："识心之执是对反着知体明觉之无执而言。识心之执既是由知体明觉之自觉地自我坎陷而成，则一成识心之执即与物为对，即把明觉感应之物推出去而为其所面对之对象，而其本身即偏处一边而为认知的主体。因此，其本身遂与外物成为主客之对偶，此曰认识论的对偶性，此是识心之执的一个基本结构。"[①] 透彻理解识心之执之创造性机理，首先是理解识心之执之内在结构。

佛家唯识论首先将识心一分为八：眼识、耳识、鼻识、舌识、身识、意识、末那识（第七识）、阿赖耶识（第八识）。此八识亦形成一个内在结构，而以第八识（阿赖耶）为统领。八识之间错综复杂之关系，殊堪玩味，非一言可尽也。一般科学界和学术界通常只谈意识，其分析似无佛家解析之精严。

八识之结构可称为横向之结构。心与各种心所之关系则为纵向之关系。心与心所是何种关系？佛家发明心所法（通途所谈心所法共计五十一法）最有意趣，涵盖普通心理学意义上的一切心理现象，其解析则无微不至。

吾人可将佛家所论心之内在结构以图形概括如下（见下页图）。

故佛家谈心（识心），实成为一个网状的立体结构，举凡人间一切情

---

① 牟宗三. 现象与物自身 [M]. 长春：吉林出版集团有限责任公司，2010：107.

感、情绪、行动、思虑、概念、范畴、理论、学说、社会制度、社会秩序、科学技术、万千器物，等等，无不自此识心之执之立体网状结构之创造性（识心之执之创造性只是心之全体之创造性的一部分或一翼，此义下述），岂不奇哉！此立体网状的识心结构，诚所谓"蛛丝马迹，此牵彼引，千途万辙，莫不贯穿"（熊十力先生语），由此形成识心之创造性之无限可能性。

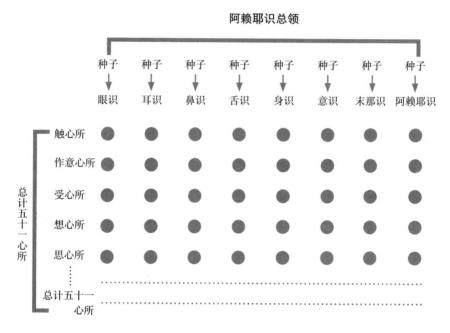

阿赖耶识总领

图注：依佛家，所谓心所共计五十一数（个），唯前五个心所遍一切识，其余心所，唯第六识全具，其他识则不全有。● 表示此识所具之心所，其余则不一一标出。图片参考熊十力《佛家名相通释》。

古今圣哲和现代科学家皆一致认为人具有无限或无穷的创造性或创造性潜力，常人所开发或利用者，盖不及人之潜力千万分之一甚至亿万分之一也。如何深入认识识心之立体网状之结构，并由此深度开发人心之创造性潜力，实乃脑科学或神经科学或心理学甚至一切"人学"最核心之课题。各个心和各个心所之间的关联、沟通、配合、相互刺激、相互叠加，乃形成人类之情感（心理）和认知（知识）的无限多样性。

人类情感之变幻万千、丰富多样，人类想象之彻天彻地、通古通今、缥缈无垠、深奥莫测，人类知识之穷高极深、演变繁复、精彩纷呈、惊险刺激，莫不是一心之所发，莫不是识心之所发；人类智慧之高妙深邃，人类道德境界之纯洁高致，人确可以成圣成佛成真人，人确可以有天地万物同体之爱，人确可以上下与天地同流，此亦莫不是一心之所发，莫不是仁心（智心、自性清净心、自由无限心）之所发，岂不奇哉！人心或人性之创造性亦是一心开二门所呈现的两翼，即识心之无限创造性和智心之无限创造性，识心和智心乃是同一心所开两门或两翼。识心有其内在结构，智心则是一体平铺，无结构可言。识心或识心之执的创造性又可分为两翼，即识心之执之认知的创造性和识心之执之情感（心理）的创造性。

佛家解析识心精严繁复，盖以解析人之心理情感或烦恼为主要目的（佛家并不排斥知识，只是其重点不在知识，而是烦恼）。牟宗三先生则从认知（知识）的角度解析识心。宗三先生有曰："识心之执其本身遂即造作凝结而成为一个簇聚体、一个结构体。它是一个簇聚或结构底支持点。其为簇聚或结构底第一形态曰知性，第二形态曰想象，第三形态曰感性。这个次序当然亦可逆转过来说。但由知体明觉之自我坎陷而说识心之执，则首先出现的必须是知性。"[①]

牟宗三先生论及心之结构，首重心之对偶性。亦即一心开二门之基本

---

① 牟宗三. 现象与物自身 [M]. 长春：吉林出版集团有限责任公司，2010：114.

理境架构。一心开二门之对偶性自有多重说法：知体明觉对识心之执、智心对识心、智的直觉对感触直觉、自由无限心对限制有限心、神圣意志对感性意志、本心对识心，如此等等，有多重名词以概括之，以明心之最基本的对偶性。知体明觉、智心、智的直觉、自由无限心、神圣意志、本心则是无偶无对、浑然一体、一体平铺、迥然无对、无边无际、直与天地万物、无他无我、是一非二。识心之执、识心、感触直觉、有限心、感性意志本身亦具有对偶性或二重性。识心之执一旦被执成，立刻就有主体和客体之分、主体和现象之分。佛家于此，盖有许多说法，如心与心所之分、所缘与能缘之分、相分与见分之分。

深入分析之，则识心之结构就不仅仅具有对偶性或二重性，而是一种具有多重性或多方向性的簇聚体。以识心之执之知性的逻辑性格而言，便有多重逻辑的可能性（亦可说逻辑的多重原则）。宗三先生说："逻辑自己就是纯理自己之展现，此只能是一，而不能是多；符号系统可多，而不能无限多。"[①]逻辑系统就是符号系统；符号系统不能无限多，意即逻辑系统亦不能无限多。知识无限，逻辑有限。逻辑只是协助知识产生的一个空架子，一个规则；规则可以非常简单，结果却可以无限丰富。譬如围棋、中国象棋、国际象棋之规则非常简单，一目了然，然而天底下却永远没有完全相同的棋局，此岂不甚奇哉！

纯理自己所展现出的逻辑结构，乃是相对简单的纯理架构（空架子或思想的规则），由四项基本原则构成：即对偶性原则、排中原则、同一原则、矛盾原则。纯理自己之展现必然遵守此四项原则。纵然只有四项原则，亦是一个多方向或多重性的簇聚体结构，不再是简单的二重性或对偶结构。

---

① 牟宗三. 现象与物自身 [M]. 长春：吉林出版集团有限责任公司，2010：156.

识心之执本身的结构则远为复杂，从最基本层面言之，则有感性或感觉、想象、知性之分。感性本身亦是一个簇聚体结构，即有多重性或多面性或多方向性。感觉中又分直觉，直觉又有感触直觉和先验直觉之分。此中深奥细微处，最难体悟。

佛家首重八识（八种识心）。十力先生将八识分为三重。第一重为六识：即眼识、耳识、鼻识、舌识、身识、意识。此六识相当于通途或科学所云感触直觉，为人类获取外部经验知识或内部经验知识之门径。此六识自身结构亦相当复杂。首先，各个识本身分为心和心所，如眼识自有其独特的心和心所，耳识自有其独特的心和心所，鼻识自有其独特的心和心所，舌识自有其独特的心和心所，身识自有其独特的心和心所，意识自有其独特的心和心所，等等。第七识（末那识）和第八识（阿赖耶识）亦复如是。佛家又专论心所，总计心所法五十一个（实际上乃是无限多个），其中所谓五个遍行心所，即触、意、受、想、思，乃是遍一切识、遍一切时、遍一切性皆有之心所，故必然为六识所共有。每一个识（识心）皆具有触、意、受、想、思五个心所，心所即所谓能缘、见分，即能够摄取外境并对此做思虑筹度以形成概念思想之功能。

可见就以感触直觉论之，其功能之内在结构亦可谓无限复杂，非一言可以尽之。是故我们时常心中起疑：心既然同为天地万物之主宰，那么，人与人之间之智力与悟性，为何有天渊之别？人之偏好、兴趣、志向为何千差万别？人之能力之千差万别又是因何而起？深入理解识心（各个识心）之簇聚体结构及其内在机制，则是理解人心创造性根源之唯一路径。人之偏好、兴趣、志向和能力之差异，盖与各个心所之发达程度与敏感度有极大关系。心所原本具有无量势用，然若潜藏不显，势用只为种子（潜在势用之种子），犹如《易·乾卦》所云"潜龙勿用"也。潜藏的心所势用如何起现而为人类情感和认知之无限力量？此为理解人类情感和认知之起源与万千变化之根本问题。佛家于心所之精严解析，实有无限启发。

心所的作用

心所（种子）之潜藏和蓄积，外缘内缘实乃无穷无尽，要而言之，略有数端。

一曰见闻熏习。此见闻者乃分为正闻和邪闻（非正闻）。佛家特重正闻熏习。依无着菩萨阿赖耶识教义，众生无始以来纯是有漏流行，唯依圣教，多闻熏习或正闻熏习，以生长净种，方能成佛。此义固有重大缺陷，此所以无着之后佛家大德起而正之，《大乘起信论》应运而生，以如来藏自性清净心为无始时来人之本质，如来藏自性清净心则是人人皆可成佛之超越的或先天的根据。

虽然如此，无着菩萨所倡导之正闻熏习仍然颇为重要。实则古往今来一切圣哲、教育家、思想家乃至普通教师和父母，无不教人要坚持正闻熏习——读好书、读经典、以圣哲教诲为日常功课，乃是每个人德性修养之根本，此所以先哲圣经须臾不可离也。与圣人贤哲为伍，与圣贤经典为伴，亲炙圣哲教诲，当然是进德修业、成圣成佛之捷径，等而下之，亦当与有德有才之人为友。孟母三迁之故事千古流传，良有以也！正闻熏习何等重要，由此可见。

进德修为如此，学术研究和科学发现亦如此，亦需要正闻熏习。研究任何一门学问，研习此门学问最伟大和最重要的经典，乃是入学正道、不二法门，此亦是正闻熏习之功夫。十力先生劝诫后学读书，务必"沉潜往复，从容含玩"。孟子谈为学之道："君子深造之以道，欲其自得之也。自得之，则居之安；居之安，则资之深；资之深，则取之左右逢其原。故君子欲其自得之也。"[①] 深造之以道，必以正闻熏习为入门之径。

古往今来，一切圣贤经典始终是人类知识和智慧灵感之源泉，奔流不息，滋养不衰。所谓源泉混混不舍昼夜，圣贤经典最能启人心智，警醒人心内在之枢机，扣动人心内在之琴弦，激发人心内在之无限活力和创造力，策动人砥砺前行，精进不已，直达至与圣贤浑然一体之最高圣境。

古往今来，凡俗人偶读圣贤经典，即灵感拨动，一机迸发，自心内在无尽宝藏之门訇然开启，凡俗人即"焕然突变"为一新人，直向伟大高妙圣贤之境奔去而永不停息。凡俗人一闻佛经，立刻开悟，立刻趣向大乘佛法，此类故事诗书典册多有记载，不胜枚举。六祖慧能大师原本一贫困卖柴之人，街上偶然听闻有人解读《金刚经》，立刻开悟，后历经艰难修行和传道，终成禅宗六祖开山大师。华夏历朝历代，皆有无数原本凡俗之人闻听圣贤之道、阅读圣贤之书而幡然醒悟，洗心革面成为志士仁人和伟大学者。圣贤经典和圣哲事迹就是正闻熏习之根本源泉，舍此别无其他。吾华夏四书六经奠定数千年中华民族文明之基，凡认真研究孔孟圣经者，无不兴起进德修业之伟大宏愿，无不孜孜以圣贤境界为人生最高薪向。基督教两千多年来，耶稣所传《圣经》是所有学问和智慧最重要的灵感源泉。《塔木德》则是犹太民族数千年不朽的智慧宝藏。《古兰经》为伊斯兰信徒开启智慧和知识之门。佛家浩浩三藏十二部经则成为佛教徒乃至全人类智慧灵感的汪洋大海。是故一切学问特别是有关人的学问（人学），必定以圣哲智慧为皈依（宗三先生将圣哲智慧称为正盈之教）；一切教育，必定以圣贤经典和圣哲事迹为起点和终点。今日世界，物欲横流，尤需圣贤经典之正

---

① 《孟子·离娄章句下》。

闻熏习，以贞定世人之心，以构建和谐和平之世界秩序。

　　一切宗教、哲学、艺术（小说、诗歌、音乐、建筑、雕塑，等等）的伟大经典，最能激扬人内心深处崇高而伟大的情感（激情），或者激越高亢，或者悠远深沉，或者启人深思，或者诱人遐想，那无限丰富、深沉、热烈的内心情感实在是人心创造力的根本源泉。情感可由知体明觉所发，亦可由识心之执所发，要在皆能激扬人内心深处的创造力。实际上我们经常很难区分哪些情感由知体明觉所发出，哪些情感由识心之执所发出。伟大宗教家乃是人类中极少数具备最深刻和最热烈情感者，其宗教创造之所以吸引无穷信徒追随之，固然由于宗教教义具有终极真理成分，给人类命运指出一终极归宿，而宗教创始者的伟大献身精神所展现和激发出来的无限激情，才是激励信徒最亲切、最直接、最动人、最猛烈的力量。这种无限的激情就是爱，或者说博爱。

　　情感的创造性尤其是爱的创造性具有最高和超越的普遍性，从具体的个体之爱一直到天地同体之爱。道德创造性的无限性即来自天地同体之爱的无限普遍性。此是一切宗教之终极根源或源泉，是人心的最高本质。儒圣的"无求生以害仁，有杀身以成仁"舍生取义之精，佛家的"有一人不成佛，则我誓不成佛"之大慈大悲精神，耶稣基督的博爱和舍弃生命救赎人类之大无畏牺牲精神，皆是人心道德创造性的最高体现。

熊十力发千载未发之覆：本心和识心之区别

　　佛家谈心所，总为五十一数或五十一心所，每一数或心所之解释精彩且繁复，凡俗人实难深刻领会，大多随口读过也，未曾以自家身心体会过，则以为佛家所谈心所乃是繁复的名词演义，无甚意趣。若能以自家身心切实体会，则知佛家所谈心所，亦将人类一切心理活动或一切生活情境创造之本质概述精辟，非精心体察绝不能谈及此。五十一心所分属八种心，但并非每种心皆具全部心所。依照熊十力先生《佛家名相通释》，唯意识具全部心所，阿赖耶识只具遍行五法，末那识具十八心所，眼耳鼻舌身五心（五识）肯定具有遍行五法，至于前五识是否具有其他心所，佛家各派说法不一。每个心下属（或统属）不同心所，此种区分，初看起来只是烦琐无趣，细究起来则大有深意。吾读熊十力先生《新唯识论》和牟宗三先生《现象与物自身》，始知佛家区分心和心所绝非浅薄的名词烦琐演绎。

十力先生《新唯识论》谓心是本有，心所是后起；心即性，心所即习；心是虚一明净，心所是无始时来，累积经验而成。佛家所谈心，实际上就是象山所说的本心、阳明所说的知体明觉；佛家所谈的心所，则是阳明所说的随顺躯壳起念，是经验知识或科学知识之所由生；佛家所谈的心实际上就是康德所说的神圣意志或自由意志，就是宗三所说的自由无限心，心所则是心坎陷而成。

从烦恼或心理学意义的情感或人生论意义而论，心所是随顺躯壳起念或无始以来的习气所成；从成就知识或认识论意义上来说，心所则是本心或知体明觉之心自我坎陷（主动或积极意义的自我坎陷）而成。佛家所谈五十一心所，大体是从心理学意义的情感上来说，从如何克服"随顺躯壳起念"来说，从修行角度来说。佛家亦有从认知意义上说心所，即是不相应行法。由此观之，佛家所论之心的结构，难道不具有重大意义吗？

量子力学如何解释意识或心的创造力

今日科学家从量子力学角度解释意识的起源或心的内在机理，其见解与佛家有异曲同工之妙。依照量子力学之认识，本心之状态或者知体明觉之状态乃是一种量子力学意义上的"叠加态"。此叠加态是无知无不知、无所不知又一无所知之状态。此叠加态从认知意义上说，就是康德所说的物自身，此处并无具体的知识可言。就好像物质的基本粒子可以处于任何状态一样，我们不能肯定它究竟处于什么状态。唯有知体明觉主动地自我坎陷成为识心之执，将物自身推出去与识心之执相对立成为现象，知识才能产生。这就好像物理学家一旦开始测量或观察基本粒子，就立刻决定了基本粒子的一个状态。叠加态立刻变成确定态。

本心如何转成识心之执

由此可知，识心之执是具有方向性的，知体明觉或物自身则没有任何方向性。识心之执如何形成？本来是知体明觉，无知无不知，没有任何方向性或撇性①，为什么会突然具有方向性呢？也就是说，本来无知无不知的自由无限心如何一下子成为具有方向性、具有对象、具有对偶性的"识心"或"识心之执"了呢？此一转换甚奇特。佛家从解析烦恼的角度或者从心理学角度出发说此"执"的转成或本心的坎陷或陷落，似乎是本心本来具有的，又似乎是本心被迫、不情愿或被动地随顺躯壳起念而转成的。当然，唯识宗成立阿赖耶识，认为阿赖耶识纯是染污识，是有漏心，阿赖耶识的种子是有漏种，又说众生无始以来一向是由有漏心来主导或支配，众生生来并无无漏种，唯有经过所谓正闻熏习，方能生成无漏种，以此实现成佛

---

① 所谓撇性就是方向性。老子所说的无，没有任何方向性，无知无不知，没有对象，没有对偶性，与佛家所说的本心或儒家所说的自由无限心属同一意义。老子说有即具有方向性，无变成有，就成为具体的现象或知识，具体的现象或知识就是有。

之宏源。十力先生和宗三先生皆指出唯识宗此说之误。设若众生无始以来只是有漏，完全没有无漏之体，如何成佛？成佛怎能只靠后天的正闻熏习，且是否能够得闻正闻熏习尚且需要运气或机遇！此所以后来《大乘起信论》必然要主张如来藏自性清净心作为人的本质或心的本质。因此，假若我们依照阿赖耶识的说法，那么，识心之执（有漏心的种种表现）则是天然如此，本来如此，没有一个被动或主动坎陷或陷落的转折；假若我们依照如来藏自性清净心的说法或者依照儒家自由无限心、知体明觉的说法，人心本来清净自在、无执无染，如何会转变为执心或识心或染污心或阿赖耶识呢？就烦恼或心理学意义一面看，《大乘起信论》说是因为"无明风起"。无明就是迷暗，无明风一起，各种烦恼或染污意识随之而生。阳明说是因为"随顺躯壳起念"，知体明觉不能始终如一时时朗现。康德说是因为人没有神圣意志，只有感性意志。此三种说法皆有无穷意蕴。就自私而论（依照佛家，自私当然是染污心的主要表现之一，所谓贪嗔痴三毒之首就是贪，也就是自私），现代生理学家从基因角度解释自私，著名者如道金斯所著《自私的基因》。就成就科学知识或经验知识一面来看，自由无限心乃是主动或必然自我坎陷，转成识心之执，此种识心之执乃是自由无限心或本心所必然具有的功能或力量。

第十章

心之力

毛泽东论《心之力》

毛泽东年轻时写过一篇得到老师激赏的文章——《心之力》。

毛泽东说："宇宙即我心，我心即宇宙。细微至发梢，宏大至天地。世界、宇宙乃至万物皆为思维心力所驱使。博古观今，尤知人类之所以为人间万物之灵长，实为天地间心力最致力进化者也。……天之力莫大于日，地之力莫大于电，人之力莫大于心……心为万力之本……"

毛泽东年轻时（24岁）还有一封很著名的写给老师黎锦熙的信。其中有言："天下亦大矣，社会之组织极复杂……欲动天下者，当动天下之心……"

毛泽东求学期间主要研究华夏先哲经典，深受老师杨昌济的影响，杨昌济则是试图以儒圣心学融会西方哲学之杰出学者。是故毛泽东本质上正是华夏心学理念所孕育的伟大人物。《心之力》之文正是毛泽东真实思想和理念之明确阐述。

佛家对心之力的阐释

古往今来的一切伟大宗教思想里，佛教最重视对心之力的阐发。特别是佛教传到中土之后，与华夏圣哲心学相融合，对心之力的阐发和弘扬别开生面，日新月异，不断开拓出崭新的学术理境和人生价值境界，实为人类思想史上最具独创性的伟大贡献。

首先将儒圣心学与佛教融会贯通，开辟新境界的伟大人物是竺道生（公元355—434）。牟宗三先生如此称赞竺道生的开创性贡献："中国佛学的第二个大人物是竺道生，虽然他讲的是佛教，但是具有孟子的灵魂。正如孟子在儒家人物中首先提出人人皆有四端之心，皆有良知良能，为人的成圣成贤发掘了先天的超越的根据，竺道生亦孤明先发，在佛学人物中，首先大胆地提出了一切众生皆有佛性，皆可顿悟成佛，为一切众生成佛提供了先天的超越的根据，并提供了实现成佛的途径——顿悟，大开中国佛学圆顿之教之门。"①

禅宗是中国佛学的最高峰，更是明确阐扬"明心见性，顿悟成佛"的不二法门，将竺道生开启的圆顿之教推向更高境界。牟宗三先生说："禅宗的六组慧能，便是辉煌奇特的人物。重要的，是他特别注重本心真切的顿悟，轻视本心以外的文字、偶像和仪式。其直指本心的独到之处，甚似孟子。"②

禅宗所弘扬的"即心即佛"的佛性论、"顿悟见性"的修行观、"自性自度"的解脱观，无不启发我们发掘内心的五金藏，开辟本心的无穷力量，能帮助我们达到人的价值生命和精神生命的最高境界（成佛）。

全部佛教的基本观念其实源自心之力。佛教义理浩如汪洋大海，一言以蔽之，则不外三界唯心，万法唯识，转识成智。禅宗进一步发挥，明确提出心生万法。心之力何其强大！全部宇宙无不是心之力的体现和创造。佛教天台宗智者大师著名的"止观"法门，就是心力培养的绝妙法门。禅宗传统发展出来的内观禅，更是激励我们摒绝一切外缘外扰，专注内心之力。

现代著名的佛法心灵导师一行禅师著有《心力》一书，亦是致力阐述禅宗心法，启发众生发掘和依靠内心深处的无穷力量，以获得人生真正的快乐和价值。

---

① 牟宗三.中国哲学的特质 [M].长春：吉林出版集团有限责任公司，2010：95.
② 牟宗三.中国哲学的特质 [M].长春：吉林出版集团有限责任公司，2010：94。

心之力的细分

心之力可有无限多样的划分。有人将心之力划分为：愿力、专注力、创造力、洞察力；还有人将心之力划分为：愿力、想象力、洞察力、行动力（或执行力）、创造力、专注力（或定力）。对每一种力量，我们都有无限话语可说，要在培养和增进。

日本传奇企业家稻盛和夫特别强调愿力的强大力量："我坚定一个信念，那就是内心不渴望的东西，它就不可能靠近自己。亦即，你能实现的，只能是你自己内心渴望的东西，如果内心没有渴望，即使能实现的梦想也实现不了。"

许多伟大人物用自己的一生证明了一个最基本的人生真理：那就是人生与心念一致，愿力即人生。不忘初心，一往无前，才能到达人生辉煌的巅峰。现代最伟大的创新者和企业家之一乔布斯有一句广为流传的名言："你是愿意一辈子卖糖水，还是跟我一起改变这个世界？"改变这个世界的"心念和愿力"，就是激励乔布斯持续创新，追求卓越，致力改变人类、改变世界的强大的心之力。

乔布斯为苹果产品设计的著名广告语是：Think Different（不同凡想）。乔布斯说："只有那些疯狂到以为自己能够改变世界的人，才能真正地改变世界。"乔布斯对直觉的信任或信心远远超过所谓的逻辑思维和科学论证，他一生中的几乎所有重大决策都是凭直觉，而不是依靠所谓理论或逻辑。为什么乔布斯如此相信直觉？因为他认为直觉就是内心深处的召唤。他说："永远不要让其他人喧嚣的观点掩盖你真正的内心的声音。""最重要的是，要有勇气去跟随直觉和心灵。因为它们在某种程度上已经知道你想要成为什么样的人，所有其他的事情都是次要的。"①

乔布斯早年禅修的奇妙经历，让他深信直觉就是内心的召唤。他曾经回忆自己到印度参禅修道的感受："我回到美国后感受到的文化冲击，比我去印度时感受到的还要强烈。印度乡间的人与我们不同，我们运用思维，而他们运用直觉，他们的直觉比世界上其他地方的人要发达得多。直觉是非常强大的，在我看来比思维更加强大。直觉对我的工作有很大的影响。"②

直觉就是心之力的自我觉醒和直接朗现！

一切伟大宗教之共同点：磨炼和提升心之力

一切伟大宗教有一个基本的共同点，那就是磨炼和提升心之力。佛教历史上著名的维摩诘居士的事迹与西方清教徒的故事实在是有异曲同工之妙，那就是修行悟道不能离开人世间的一切，相反，修行悟道正是要以人世间的一切，特别是人世间的一切苦难来磨炼和提升心之力，最终得到最高的智慧。

六祖慧能说："佛法在世间，不离世间觉，离世觅菩提，恰如求兔角。"后世禅宗倡导"工作就是最好的修炼道场"。加尔文派清教徒主张"工厂、市场、账房就是最好的教堂"。王阳明激励人们将心放到事上去磨。古今中外，一切贤圣，皆以无为法而有共通之处，当然亦有差别！岂非奇哉？非奇也，人心本来就是一，不是二也。此正是象山著名诗句所言：墟墓兴哀宗庙钦，斯人千古不磨心！

---

① Walter Isaacson , *Steve Jobs*, Simon & Schuster Paperbacks, 2011, p. 327-345.

② Walter Isaacson , *Steve Jobs*, Simon & Schuster Paperbacks, 2011, p.47.

心之力、心之无限创造力，是人间一切伟大事业的根本原动力，由此亦可完全证明西方经济学人性自私假设之无稽。

譬如，是什么开启了乔布斯伟大的创新和创业之旅？1987年，他接受采访时如此自述："嬉皮士运动启发了我，有些东西是超越日常忙碌的生活的。生活不仅仅是工作、家庭、财产、职业，我们每个人都能感受到某种冲动，许多人想找回生命的意义。有人去流浪，有人在印度神秘仪式里寻找答案，嬉皮士运动大概就是这样，他们想寻找生活的真相，生活不应该是父母过的那样。正是因为这种精神，有人宁愿当诗人也不愿意当银行家。我想把这种精神注入产品里，只要用户使用产品，就能感受这种精神。"①

乔布斯所说的这种精神难道不就是人类一切创造物（物质的和精神的创造物）最根本的精神吗？难道不就是创造人间一切的最根本动力吗？

乔布斯曾经谈创业的本质。他认为：为了赚钱而创业有很大的可能不会成功，很多成功的创业者创业的初衷并不是为了赚钱，而是他们对这个世界有些不同的想法，但没人听。他们不得已，只好开家公司，通过他们的产品向世界表达自己的思想和理想。

同样，稻盛和夫用自己的一生证明了经济学自私假设之无稽。稻盛和夫给公司确立的基本理念是："在追求全体员工物质和精神两方面都获得幸福的同时，为人类社会的进步和发展做出贡献。"

乔布斯、稻盛和夫以及其他许多伟大企业家和伟大人物，以他们的人生经历证明了一个最基本的真理：一切伟大事业必然源自心之无限的道德创造性和知识创造性的完美结合。

---

① Walter Isaacson , *Steve Jobs*, Simon & Schuster Paperbacks, 2011, p.52.

最奇特的心之力：想象力

心之力里面最奇特的就是人的想象力。

想象力的本质是什么？就是心的自由飞翔，就是心对万事万物、万千现象的自由组合，就是心对天地乾坤的任意颠倒或拨弄，就是心如天马行空、独往独来所创造的独特意境，就是心摆脱一切所谓传统、世俗、权威、定律、规律的束缚，就是心换一个崭新的角度、站到一个新的高度来俯瞰万千世界，就是想前人所未想、发前人所未发。

想象力就是禅宗所说"石上栽花，空中挂剑""三冬花木秀，九夏雪霜飞"那样的奇思怪想。想象力就是《金刚经》所说的"无所住而生其心"。想象力就是抛开一切创见，蔑视一切权威，摆脱一切枷锁，打破一切框框，让心完全自由地飞翔。想象力就是孟子所说的"上下与天地同流"、庄子所说的"独与天地精神相往来"。想象力就是当别人看到事物这一面的时候，你却看到另外一面。想象力意味着特立独行，与众不同，睥睨同侪，戛戛独造。

想象力是心最独特的能力。唯有心能够想象。心具有囊括天地万物甚至超越天地万物的想象力，这是最奇特的奇迹。

正如六祖慧能描述空性一般："世界虚空，能含万物色像。日月星宿，山河大地，泉源溪涧，草木丛林，恶人善人，恶法善法，天堂地狱，一切大海，须弥诸山，总在空中，世人性空，亦复如是。"[①]

想象力亦如是。想象力就是心摆脱一切执着、一切障蔽、一切缠缚、一切枷锁、一切框框之后所呈现的空灵或空性状态，故能囊括宇宙，包络

---

① 参见《坛经》。

天地，覆盖万象，超越一切，上天入地，无所不能。

爱因斯坦叹曰：想象力比知识重要。善哉斯言！伟哉斯言！

心之力：乔布斯的"现实扭曲场效应"和韦伯的"奇理斯玛效应"

乔布斯的传记作者沃尔特·艾萨克森以及许多研究乔布斯的人都知道，对乔布斯奇迹般创新魔力的最佳描述是，乔布斯具有一种惊人的"现实扭曲力或现实扭曲场效应。"[①]

其实，对乔布斯本人而言，那个被别人看作是"扭曲的"现实，对乔布斯而言，恰好就是真正的现实，是他内心所呈现或想象的现实。原来本无所谓"客观的"现实，每个人皆有独特的内心，亦即具有独特的想象力，亦即具有对每个人而言独有的"现实"。没有客观的现实，唯有主观的现实。每个人皆有自己独特的时空和对万事万物的感受，这才是对每个人而言真实的现实。

之所以有所谓"客观"现实一说，乃是人心原来一体，人心即是天地之心、宇宙之心、自然之心、生命之心，是一非二，是故纵然每个具体的个体之心所想象或感受到的现实略有不同或截然异趣，然而每个个体之人心作为那个统一的超越的宇宙生命之心之具体的表现，亦必有相同相通之处，此相同相通之处既能够感受或想象大约相同的现实，个体之间亦能通过语言或情感相互表达相同或类似的感受，从而形成了所谓"客观的"意象或所谓"客观的"现实。

实则天地间没有任何两个人对所谓现实的想象或感受是完全一致或相

---

① 关于乔布斯"现实扭曲场效应"的详细描述和分析，参见《新经济学》第五卷。

同的，从这个意义上说，并不存在所谓真正的"客观"。佛家和庄子对此多有发明。爱因斯坦则用数学和物理学语言精确证明了时空的相对性。时空之相对性亦即现实之相对性，盖人类所谓现实或世界皆以时空为其表象形式。唯有到达神、佛、真人、圣人之境界，时空之形式则完全消失，天地万物浑然一体，无我无他，无分无对，无差无别，那就是超越的绝对的真实。

第十一章

心之创造性和客观规律的本质含义

康德：人心赋予自然现象以秩序和规律性

康德如此说："现象所具有的秩序和规律性，我们称之为自然，乃是我们自己引入的。如果我们自身或者说我们心灵的本质原本没有将秩序和规律性设定在那里，那么我们就绝不可能在现象里发现秩序和规律性。"[①]

没有比康德将一切规律的主观性说得更清楚的了。

依照康德，现象所具有的秩序和规律性，我们称之为自然，乃是我们自己引入的。如果我们自身或者说我们心灵的本质原本没有将秩序和规律性设定在那里，那么我们就绝不可能在现象里发现秩序和规律性。因为自然（即现象所具有的秩序和规律性）的这种统一性必须是一种必然的统一性，亦即必须是现象之间相互连接所先验地具有的确定的统一性。如果在我们人类心灵原初的认知能力里，并不先验地存在这种统一性的主观基础，而且，与此同时，如果这些主观条件不具有客观妥效性的话（仅仅因为这些主观条件是我们可能认识或理解任何经验对象的基础），那么，这种综合统一性就不可能先验地被建立起来。

"如果我们自身或者说我们心灵的本质原本没有将秩序和规律性设定在那里，那么我们就绝不可能在现象里发现秩序和规律性。"此一论断深远无极，妙哉妙哉！宇宙自然之一切规律皆如此，人类社会经济体系之规律自然不能除外，焉有所谓客观规律而言呢？当然，康德亦谈论客观规律，其所谓"客观"乃是我们人类的知性能够发明各种概念和范畴，以我们所发明的概念和范畴来表述那些规律，规律于是被"客观化"了。

康德的著名论断：知性为自然立法。其意义就是：一切规律皆是主观

---

① Immanuel Kant, *Critique of Pure Reason*, The Macmillan Press Ltd. 1933, p.142.

规律。一切规律皆是我们心灵的本质原本设定在那里的。此一论断非同小可，它决定性地指出我们人类探寻所谓宇宙自然规律和人类社会规律的基本路径。观察外部世界、尽可能完整掌握经验数据和事实，当然是任何科学研究必不可少的工作，然而，培养和训练我们的理性思辨能力，尤其是开掘我们本自具足的直觉、顿悟和超绝的思维能力，才是发现宇宙自然和人类社会最内在和最本质规律的唯一途径。

乔布斯不相信或不信任所谓理性思维，他相信直觉和顿悟。爱因斯坦不相信或不依靠所谓的实证方法或经验方法，他相信自己超越的思辨能力或超绝的理性思辨能力、直觉和想象的能力。由此可见所谓实证科学方法之不足。实证科学方法顶多只是科学发现的一个外部诱因或刺激。真正伟大规律的发现必然源自人内心之照察或灵光闪现，也就是心灵原本具有的秩序和规律性朗现出来或显现出来。

谁不希望有爱因斯坦或麦克斯韦那样"灵光一闪"的时刻啊！谁不希望自己内心深处的直觉、顿悟和超悟将宇宙自然的规律（人内心深处隐藏的秩序和规律）全部朗现出来！许多伟大思想家和科学家都有"神示天启"的美妙和神秘的时刻！所谓神示天启，就是人人心中本自具足的秩序和规律性突然一起朗现出来，就好像一轮红日喷薄而出，此佛家所谓"海底涌红轮"，亦如凡俗所说的"脑洞大开"。佛家所说的觉悟、顿悟，道家所说的彻悟，儒家所说的知体明觉，绝非虚言也。

康德论想象的多种形式 [1]

1. 简单的联想或过转：想象从一个现象过转到另一个现象。概念、范

---

[1]　Immanuel Kant, *Critique of Pure Reason*, The Macmillan Press Ltd.1933, p.121-159.

畴、理念、理论的普遍化如何成为可能？这是一个普遍化的过程，是科学之模型和方法的普遍化过程。譬如效用概念之普遍化，均衡或一般均衡概念之普遍化，供求概念之普遍化，物理学、心理学、生命科学等规律运用于人类经济现象之解释。所谓跨学科研究之本质，乃是一种想象力的运用，其实是简单想象力的运用。

2. **产生的想象或创造的想象**：先验或经验之摄取、产生（重现）、综合、统一。想象的本质是重现的综合和统一。想象之产生（重现）的综合是形成概念（逻辑的、形式的，或存在的、存有论的概念）、范畴、理念、理论之关键步骤。所以爱因斯坦说："想象比知识重要，因为知识是有限的，而想象力概括着世界上的一切，推动着进步，并且是知识进化的源泉。严格地说，想象力是科学研究中的实在因素。"[①]

3. **知识是由概念和范畴客观化的经验或现象**：若无想象则必无知识可言。想象力的丰富或贫乏、博大或狭小、深远或浅薄、超越或局限，决定了我们所获知识的丰富或贫乏、深刻或浅薄、深远或狭小、超越或局限。伟大宗教家、哲学家、艺术家、经济学家、政治家、企业家等之所以伟大，关键是他们的胸怀博大、格局高远、见识卓越，一言以蔽之，则是想象力之超越和丰富。

4. **移情的想象**：一切感情之形态皆源于移情的想象或同情的想象。诸如同情、爱情、怜悯、恻隐、感动、感怀、思古之幽情、见贤思齐之愿心、榜样的感召力等，均源自移情或同情的想象。人类所有情感皆具有此种想象之功能，动物界尤其是高等动物可能亦有类似之想象。此所以人类之可爱和可敬。一切文学、艺术、音乐等创造，皆凭借此种想象力。孟子所谓

---

① 许良英，王瑞智．走近爱因斯坦 [M]．沈阳：辽宁教育出版社，2005：149．

"万物皆备于我"，程明道所谓"天地物我同体之爱"，陆象山所谓"宇宙便是吾心，吾心即是宇宙"，佛家所谓"念具三千，智具三千""三千大千世界""极乐净土"，皆足以引发或诱发此种移情的想象力。从修行功夫入口或开端处说，亦源自此种移情的想象力，到染污涤净，修行圆满，则想象力之所想象者亦成为具体真实之存在（本体或物自身意义的存在）。

5. **超越的想象**：人如何形成宗教情感或意识、神、第一因、佛、至人、真人、圣人、神人、必然性、永恒、意志自由、体露真常等超越的理念或超越的意识，则是依靠一种超越的想象力。人如何形成时空观念，亦是依靠超越的想象力。

现象界规律与超越规律之区分

以下试论规律的主观性和客观性或者说主观规律与客观规律之区分。

人们通常喜言所谓客观的规律，并赋予所谓客观规律某种神圣性和崇高感。然而，一切规律从本质上说都是主观规律，根本没有所谓的客观规律。

"客观"究竟是什么意思呢？说不以人的意志为转移，或者说不以某个人的个人意志为转移，从现象界规律的层面来看，确实如此。古往今来，没有哪个人能够改变宇宙自然的演变规律，谁能够改变牛顿力学定律、麦克斯韦电磁学定律、爱因斯坦相对论呢？人们利用科学家所发明的宇宙自然规律改造世界，取得的成就令人叹为观止，谁能怀疑客观的自然规律之存在？从现象界规律的角度来看，确实如此。

所谓客观规律，就是不以某个人或全体人类的主观意志为转移的规律。无论人怎么想，有何期望，自然规律依然故我，不为所动。

然而，如果我跃升到超越的层面去思考：为什么会有如此这般的规律而不是如此那般的规律？为什么宇宙自然是这个样子而不是另外的样子？是否真有完全脱离人类自身而独在的客观规律或绝对规律？假若人类消失或没有人类出现，如此这般的规律是否还存在？其他生命形态（如动物或外星人）是否亦能认识和观察到与人类所认识和观察的相同的规律？

稍微思考此类问题之人立刻就会明白，大千世界的任何规律原来并不能脱离人类而"独在"，大千世界的任何规律原来是"因为"人类存在而存在，是"为了"人类存在而存在，正是因为有了人类，这些规律才得以产生。物理学家早就提出著名的弱人择原理和强人择原理，以解释宇宙和自然的起源、人类的起源及其所观察到的规律。康德《纯粹理性批判》一书的著名格言是：知性为自然立法！知性为自然立法亦即我们所发现的知识和规律皆是因人自身的创造力（认知的创造或感性与知性的创造）而起。

两种真理

现代新儒学代表人物之一唐君毅先生曾经就两种真理之统一问题请教恩师熊十力先生："毅觉徒谓玄学与科学领域不同、方法不同、分工而治，尚不能完全解决哲学之问题。盖玄学之真理与科学之真理，既同为真理，则人不能不问此种真理与彼种真理如何流通。若玄学真理为究极的真理，则人不能不问科学之真理如何可汇归或依附于玄学真理。由此点而言，西洋哲学实有其独特的价值，以西洋哲学之主要问题，实即此问题。即如康德、黑格尔、伯格森、怀特海等，均系自分析哲学中之概念、假设，以指其必汇归或依附于玄学真理者云云。"①

---

① 熊十力．十力语要 [M]．上海：上海书店出版社，2007：116．

熊十力先生如此阐释玄学真理与科学真理之区分：

真理一词，在玄学上大概有如下之意义：一、是遍为万法实体。二、是其为物也，法尔本然，不由想立，不依诠显。三、是唯证相应，智与体冥，无有内外、物我等等对待之相，离分别故，离戏论故。具此三义，方名玄学上之真理。《易》曰：易简而天下之理得也，即谓此也。

真理一词在科学上意义如何？姑且略说如下：一、必设定有客观的存在之事物，即所谓日常实际生活的宇宙或经验界，此理（科学真理）方有安足处所。程子说在物为理，此理诚是在物的，不是由心所造的。易言之，即是纯客观的。二、此理之发见必依据感官经验得有证据。虽各科学上许多真理之发明常由玄想，然玄想与空想及幻想等不同，必其经验甚多，而神智开豁，不拘一隅，纵心于虚，妙观幽奥，及其发见之后，又可于经验界得其佐证。三、如上所说，则此理之获得，必由纯客观的方法，又能为一般人所公认。四、此理之自身，在其所以存在之条件下，必有不变性，除非其条件因何种变故而变革或消失，则此理亦随之消失。然如其条件不曾有变革或消失，则此理仍自有不变性。如设想将来世界，太阳系统之关系一如今日，则太阳从东方出之真理一定如今日而不变，此为真理自身存在所不可缺之一义。如其无此，则一切事物都是不可捉摸的，更有何真理可言。五、此理虽有不变性，而非绝对无变易性。非绝对故，即是分殊的。因此理托足于经验界，而经验界的事物都是对待的现象，都是无量无边各种互相关联的事情。此理非他，就是存在于无量无边各种互相关联的事情中之法则或规律。然复当知事情与关联两词只是言语上不能不分，实则关联非别为空架子，事情不是有如独立之一支柱。除了事情，固找不着关联，也寻不着事情，只好说事情就是互相关联的，这样看来，事情自然不是绝对的无变易性。事情既是无量无边各种互相关联的东西，所以存在于其中之理是千条万绪而分殊的了。六、此理虽说是在物的，是纯客观的，实亦离不开主观的色彩。如物理学上的粒子说和波动说，毕竟不可征知世界的实相，而只是吾人主观上对于世界之一种图景。但科学总是力求避免主观的偏弊与妄臆等，而完全注重外在世界的事实的发现，所以说为纯客观的。举此六义，而科学上所谓真理一词，其意义已可了然。①

熊十力先生阐释科学真理之六义，对于吾人今日透彻理解玄学真理或终极真理与科学真理或经验真理之分野或统一，仍足资启发。

第一义，科学必定需要施设客观存在之事物。依西洋哲学智慧传统，经验界或客观存在之事物是真实的存在，绝非虚妄不实或幻想执着；依东方哲学智慧传统，经验界或现象界恰是虚妄不实之如幻泡影或执着，绝非真实的存在。此乃东西方智慧最基本和最重要的分途所由。然而，为成立科学，则必须施设客观存在之事物或现象界。此施设就是佛家所说的"识心之执"或"执着"，就是牟宗三先生所说的知体明觉的自我坎陷，知体明觉的自我坎陷将物自身推出去与执心相对立，物自身遂成为现象，现象和物自身是一非二，对知体明觉或自由无限心而言是物自身，对知体明觉的自我坎陷所形成的识心之执而言为现象。此自我坎陷是主动的，是心的创造性之必然功能或必然如此。识心之执和现象既然由知体明觉的自我坎陷所形成或"执成"，当然同样可由知体明觉之朗现而化掉。因此，所谓客观

① 熊十力. 十力语要 [M]. 上海：上海书店出版社，2007：117-119.

存在的事物之客观性是就知体明觉之自我坎陷而言为客观，本质上却是非客观的。东方智慧所说的客观与西洋智慧所说的客观有本质的不同。西洋智慧所说的客观是"离吾心而外在的事物"，西方哲人谈论本体和现象的关系，总是认为现象背后有一个"神秘的"本体，现象与本体是二非一。现象是离开人心而完全外在的事物，它们是无法被化掉的。现象是现象，本体是本体，二者是割裂的；现象是现象，人心是人心，二者是相互独立的。英国哲学家巴克莱有所谓"存在就是被感知"之说，似乎与阳明心学有异曲同工之妙，其实依然有巨大差距。巴克莱所说的存在依然是"离心外在的事物"。康德有现象和物自身之分，但康德对此所做的区分却是不稳定、不明确的。康德似乎也是认为现象和物自身是二非一。所以牟宗三先生说，对于东方智慧而言，现象是"有而能无，无而能有"，对西洋智慧而言，现象则是"无而不能有，有而不能无"。所谓客观存在的事物或现象，东西方哲学所蕴含的意义原来是根本不同的。

第二义，科学真理之发现必以感官经验为依据，此为一切实证科学之起点。康德整本《纯粹理性批判》就在说明知识或科学真理何以能够成立或发现。感觉、想象、知性乃是科学知识发现的三部曲，是"识心之执"之创造性的三部曲。其中的关联甚为复杂，而以想象最为重要。人的认识或认知机能（有时统称为意识或知性）恰如一个知识生产的流水线，感觉提供原材料，想象组合或重组原材料，知性赋予原材料以概念或范畴或规律，认知生产线的最终成品就是那些概念、范畴或规律，所有概念、范畴或规律其实就是现象之间的各种关系（量的关系、质的关系、空间的关系、时间的关系），诚所谓万变不离其宗。现象之间的关系本来就是千变万化的，虽有一定的法则，然而法则或规律之成立却是具有一定条件的，并非是绝对的。依此而论，现象界的规律或法则从来就不是绝对的，没有什么绝对的规律或法则。现象界没有绝对的规律。

此外，关于现象界之规律尚有如下几层意思。已如上述，兹不详论。

第三义：现象界的规律如何能够成为"客观的"规律且又为众所公认。第四义：现象界的规律必有赖以成立之前提或条件。第五义：现象界的规律没有绝对不变性。第六义：现象界的规律毕竟是主观的或具有主观的色彩。

科学真理既如此，那么玄学真理呢？

玄学真理与科学真理之关系，有几个语词盖足以形容之。其一，熊十力先生有云：一为无量，无量为一。玄学或终极真理是一，现象界或经验界真理为无量或无限多样。其二，西方经济学大师马歇尔有云：多样的统一性，统一的多样性。统一者，统一到终极的或最后的规律；多样者，盖现象界规律或真理无限多样故。

相对真理和绝对真理

现象界的真理皆是相对真理，并无绝对真理。唯有实体界或物自身方有绝对真理可言。康德区分现象和物自身，实乃西方哲学思想之伟大洞见。盖现象界之所谓真理属于因果范畴，因果关系无时无地不处于变动之中。正如佛家所言"众因缘生法，我说即是空，亦为是假名，亦是中道义"，又说"诸行无常"，等等。实际就是指因果关系之变动不居，变幻无常。

即以经济现象为例，经济现象不存在固定不变之因果关系。货币供应量之变化为价格变动之因，价格之变化亦可能成为货币供应量变动之因。譬如通货紧缩常常迫使各国中央银行实施量化宽松和负利率货币政策，无制度增加货币供应量。又如人类资本积累为经济增长之因，然则经济增长和财富积累实为人力资本积累之因也。盖无经济增长和财富积累，则无教育之普及和提升，人力资本之积累则无从谈起。又如金融市场之发达可为经济增长之强大助力，然而金融市场过度发展则完全可能成为压制实体经济增长之障碍或阻力。是故，现象界之因果关系变动不居，倒因为果，倒果为因，此时为因，彼时为果，此地为因，彼地为果，因果互换，因果颠倒，乃是寻常现象。经验科学或实证经济学希望找到亘古不变之因果关系以为永恒之真理，事实证明为不可能也。

是故，经验科学或实证科学永远为"部分均衡"之半截逻辑。顺着任何因果关系追溯下去，永远不可能有止境。因背后还有因，层层追溯，所谓解释箭头永远不会停止。然则，任何经验事实就像是"永远也探不到底的古井"，因果关系永远没有尽头，直达至言语道断、心行路绝之境地而后止。

既然如此，以因果关系为主要或唯一形态之经验科学真理如何能够称得上是绝对真理呢？以因果关系为主要形态之真理，往往有无限种。譬如为什么人类18世纪开始出现工业革命和经济增长？历久以来，经济学者和历史学者发明出无数理论，举凡政治之变迁、宪政之兴起、地理大发现、白银之流通、人文之启蒙、科学之昌明、产权之保障等，无不被经济学者和历史学者作为解释工业革命兴起和经济增长之起因。究竟哪个理论为正确，哪个理论较优胜，亦是众说纷纭。我们实际很难找到一个标准来确认哪个理论为优胜。当然，某个理论往往在某个时期颇为流行，成为一主流理论，为大家所奉行或认可。

物理学和其他科学理论亦如是。科学理论永远只是一个近似理论。希腊哲人关于物质世界之"粗浅理论"统治西方世界两千年，直至伽利略和牛顿开创现代科学理论。牛顿力学统治科学界近300年，直至爱因斯坦相对论开启新的时空观和宇宙学。即使是今天大家公认的时空理论、量子力学和宇宙学，也是流派纷呈，百家争鸣，并无一个绝对真理为所有人共同遵从，对时间和空间的看法有数之不尽之观点。

经验世界或现象世界没有一个绝对或统一的真理，此乃人类理性之基本限度或困境。正如康德《纯粹理性批判》开篇所说："人之理性有一奇特命运，在它自身知识的某一类别里，它为一些问题所困扰。就理性本身的性质而言，它不能忽视这些问题，然而理性却又不能回答这些问题，因为那已经超出了它的能力范围。"[①]

绝对真理则非人类思辨理性所能及。绝对真理乃是超越的、超绝的、形而上的真理。它没有任何概念和范畴，当然亦无任何因果关系范畴。绝对真理是泯绝无寄、浑然一体、通天通地、妙运万物，所谓神无方而易无体。

人类能否把握绝对真理呢？依照康德，人类没有能力掌握绝对真理，因为人没有智的直觉，智的直觉只属于上帝，与人类无分，人类只有感触直觉，是故只能有经验知识或对于现象的知识，经验知识或现象知识就是被概念和范畴所客观决定的知识，整个《纯粹理性批判》就是要说明人的理性如何获得经验知识，以及人的理性只能限于获得经验知识，超越的、超绝的、智的直觉，人的理性最多只能"思之"而已，我们对之不能有任何知识。

然而依照康德，超越的真理、智的直觉和物自身亦是存在的（当然与现象之存在不同），是可以被人的理性"思之"的。最重要的是，那超越的、绝对的真理是人的实践理性须臾不可离的，是人类实践理性之终极目标，康德以"圆善"来指称人的实践理性之最终和最高目标，此亦是最高真理之所在。人的实践理性必然朝着这个目标迈进，此乃人性之本质的必

---

① Immanuel Kant, *Critique of Pure Reason*, The Macmillan Press, Ltd. 1933, p.7.

然的趣向和归宿。然则人如何可以达到这一目标呢？依照经验知识或现象知识或见闻之知所指出的路径，人永远也无法达到这个目标，因为经验知识是零碎的、曲折的，甚至是靠不住或无定准的。人的实践理性就是道德的实践。康德说得很清楚，依靠经验知识或现象知识或见闻之知来指导道德实践或实践理性是靠不住的。

康德说得好："最普通的智思亦能很容易而无迟疑地看出在意志之自律的原则上所需要去做的是什么；但是在意志之他律的假设上去看出什么是要去做的，那却是很难的，而且需要有世界的知识。此即是说，义务是什么，这对于每一个人其自身就是坦然明白的；但是什么东西可以带出真正而持久的利益，此如'将要扩展到一个人的生命之全部'的那种利益，这却总是被蒙蔽于不可渗透的隐晦中；而且要想把基于利益上的实践规律去适合于生命的各方面（各种目的），甚至因做出适当的例外而亦容忍地把它适合于生命的各方面，这总是需要很多的审虑。但是道德法则对每一个人命令着最严格的遵守；因此，去判断那道德法则所要求被做成的是什么，这却必不是如此之困难以至于最普通而无训练的理解，甚至没有世俗的审虑，便一定不能正当地去应用这道德法则。"[①]

依照康德，意志之自律原则基于三个设准：上帝存在、灵魂不灭、意志自由。其中最重要者是意志自由。然而，由于人类没有智的直觉，我们对上帝存在、灵魂不灭和意志自由不可能有任何知识。易言之，人类永远不可能认识到那超越的终极真理，最多只能"思之"，却永不能及之，永不能与超越和绝对真理浑然一体。那超越的、绝对的真理对人类而言就是一彼岸，一冥暗，永不能靠近，永不能彰显，只能思之而已。

---

① 引自：牟宗三 . 从陆象山到刘蕺山 [M]. 长春：吉林出版集团有限责任公司，2010.

古往今来，一切伟大思想家（科学家）皆承认那超越的、绝对的真理确实存在。寻求那超越的、绝对的真理可以说是人类思想最伟大和最终极的追求，虽然追寻的路径各有不同，但是那才永远是人类渴望企及的最高境界。

中西文明里，最高的、绝对的、超越的、终极的真理有各个不同的术语。柏拉图的名词是"理念"（idea），牛顿的名词是"第一推动力"，爱因斯坦的名词是"上帝之手"，中国圣哲的名词是"道""天道"或"天地之道"（《易·系辞上》："易与天地准，故能弥伦天地之道"），佛教的名词是"不二法门""无上正等正觉""不可思议法门"，等等。

东西方思想的基本差别在于，西方思想者认为那个超越的、绝对的、最高的真理外在于人类而存在，经过经验科学或实证科学或经验知识之途径，能够发现或企及那个最高真理（康德是西方思想里唯一的例外）；东方思想者则认为那个超越的、最高的、终极的、绝对的真理就在人心，唯有通过人自身的"觉悟"或反求诸己，或反身而诚，或尽心知性知天才能认识到那个终极真理，不仅仅是认识到，一旦觉悟，人本身就与最高真理浑然一体，无内无外，心理是一，无主观客观的对立，无经验知识和超越知识之对立，主观即客观，经验即超越。所谓"万物皆备于我""万物森然于方寸之间，满心而发，无非此理""我心即是宇宙，宇宙即是我心"。

经验知识或科学知识所发现的真理是经过归纳法而达到的普遍化之真理。依照牟宗三先生的阐述，"归纳普遍化之真理"具有如下特征：其一，归纳普遍化是经过归纳的程序而来的普遍化，并不是那普遍性自己；其二，归纳普遍化之真假值是概然的，并不是必然的；其三，归纳普遍化所撰成之普遍原则（一般通例、理）亦是类概念，因而亦是多的；其四，归纳普遍化亦代表经验知识；其五，归纳活动施于存在之然（具体事物）自身之曲折内容上，因描述、记录、类同、别异而推概之。

是故，一切经验真理并不具有真正的普遍性。所谓经验真理的普遍性，乃是一种有限制的普遍性。

经济学里的相对论

经济学者发现，经济体系里的"相对论"比物理学家发现时空的相对性要早数十年！

所谓经济学里的相对论，就是发现"主观价值论"或"主观效用论"或"效用价值论"，从而抛弃自斯密以来的客观价值论或绝对价值论。自斯密以来直到今天，一些中国的政治经济学者，始终相信价值有一个最终的、最后的、客观的标准，我们能够以这个标准来衡量或量度一切物品或商品的价值。

劳动价值论就是一种客观价值论或绝对价值论，试图以包含在商品中的劳动量或社会平均劳动量来衡量商品的价值。斯密和李嘉图曾经花费极大精力去寻找"绝对价值尺度"，非常类似19世纪后期数十年物理学家费了极大精力去寻找"绝对静止"或"绝对时间"或"绝对空间"——譬如著名的迈克尔逊－莫雷实验，等等。

斯密、李嘉图以及一切信奉劳动价值论或绝对价值论的学者，最终都陷入了一种循环论证，却没有醒悟这种循环论证本身就说明绝对价值论或客观价值论之错误。譬如斯密论证劳动价值论的方法是："劳动量决定一切商品价值，谷物或生活资料决定劳动价值，而劳动量反过来又决定谷物或生产资料的价值。"奈特曾经对古典经济学者的劳动价值论和绝对价值论给予极其严苛的批评和嘲讽。

19 世纪中期以门格尔、杰文思和瓦尔拉斯为代表的效用革命兴起，尤其是奥地利学派经济学派鼻祖门格尔首倡效用价值论或主观价值论，才一扫万古，为经济学开辟了全新的方向，其意义绝不下于爱因斯坦几十年之后（1905 年）系统阐述相对论从而扫除了"绝对静止、绝对时间、绝对空间"之概念。

爱因斯坦曾经如此描述相对论的含义和意义："简单几句话就能够清楚说明相对论。自古以来，人们就知道一切运动都只是相对运动，然而与此恰恰相反，物理学却基于绝对运动之理念。物理学家研究光波运动时，假设有一个运动状态——也就是光波赖以传输的所谓以太的运动状态——与其他所有运动状态截然不同。物理学者假设所有其他运动都是相对光波介质以太的运动，以太则被看作是绝对静止的化身。人们竭尽全力进行各种实验，试图发现假设中的那个具有特殊地位的以太运动，结果总是以失败告终。事情到此已经非常清楚了。物理学的问题应该被重新表述，这就是相对论所做的事情。相对论首先假设没有任何居于特殊优越地位的运动状态，然后追寻这个假设会带来怎样的结论或后果。"[①]

爱因斯坦的相对论扫除了牛顿物理学长期统治人们思维的绝对静止、绝对时间和绝对空间理念，门格尔、杰文思、瓦尔拉斯的效用价值论或主观价值论则扫除了斯密、李嘉图在经济学领域长期统治人们思维的绝对价值理念。经济学相对论的发明非同小可，称之为"革命"确实名副其实。

恩斯特·马赫和彭嘉莱曾经深刻批评牛顿的绝对时间和绝对空间概念，认为这些概念根本无法观测，日常经验里从来找不到所谓绝对时间和绝对空间。同样，客观价值和绝对价值的概念亦无法观测和量度。斯密用劳动

---

① 许良英. 爱因斯坦文集 [M]. 17 版. 北京：商务印书馆，2016：185.

量来量度绝对价值以失败而告终。

绝对静止、绝对时间、绝对空间之理念制造了物理学历史上最长时间的"悖论"或"怪圈"。为了寻找那个绝对静止的以太，物理学家不仅花费了极大精力，尝试了无数实验——各种实验至少多达数十个！而且提出的有关以太的各种稀奇古怪的理论多到难以计数。

譬如，物理学家设想以太必须弥漫整个宇宙（因为光线在整个宇宙传播），它必须足够轻盈、不能影响宇宙中的一切物体（各种星球乃至天空中的飞鸟），同时又必须足够坚韧以便光线能够顺利传播。大物理学家如荷兰的洛伦兹和法国的彭嘉莱为以太的存在设想了各种现在看起来非常搞笑的物理理论——当时却是广受尊重的理论。

同样，斯密、李嘉图坚守劳动价值论和绝对价值论，同样造成了经济学思想史上令人叹为观止的一些怪论或悖论。譬如斯密始终没有解决的"水和钻石的价值悖论"——与钻石相比，水对人如此珍贵和重要，为什么价格低那么多？

第十二章

人心为一切规律的最后根源

今日主流经济学者坚信经济学作为一门"科学"，理应只讨论那"是什么"者，亦即经验现象之规律；至于那"应当是什么"者，则不应当是经济学的研究对象，不应当是经济学者所应该费神费力者。他们的理由主要是，"应当是什么"者属于价值判断领域，孰是孰非，了无定论，亦无一个公认的法则可以决定孰是孰非。相反，"是什么"之问题则能够确定孰是孰非，确定之法就是科学真理之"证伪"。价值判断无法"证伪"，是故不具有科学的性质或"资格"，科学家自然不应当卷入无休无止的价值判断和辩论之中。因此之故，主流经济学者或许多自然科学家皆认为唯有能够被"证伪"的科学理论才算是真正的科学理论，那无法"证伪"的价值判断或道德哲学则不属于科学范畴，甚至属于等而下之者。所以，大多数科学家和主流经济学者（他们以科学家自居或自傲）轻视所谓道德哲学或价值判断，甚至嗤之以鼻，以为那是"不入科学之流"者。

果如此乎？非也。将所谓能够"证伪"或"实证"的科学置于远远高于道德哲学或价值判断之上，恰好最尖锐和最显著地证明了西方现代精神和思想（哲学是康德之后，经济学是斯密之后）的彻底堕落，堕落到人再也找不到价值之源、立身之本、精神之园。以至尼采惊呼"上帝已死"，萨特存在主义哲学异军突起，试图重新寻回人的价值和意义；以至 C. P. 斯诺在 1958 年发表的论文《两种文化》中，哀叹西方文明两种文化的撕裂或隔离，人们将科学置于人文之上，以为科学之地位远远高于人文之地位，"研究牛顿和爱因斯坦的人不屑于去旁听莎士比亚，研究莎士比亚的人却一窝蜂跑去旁听自然科学"。

两种文化的撕裂或隔离的现代表现形式则是以硅谷为代表的"科技至上主义或科技万能主义"。硅谷的科技天才或科技疯子们坚信，唯有科技进步才能推进人类文明的进步，让世界变得越来越好，甚至能够创造出人间天国。以硅谷为代表的"科技至上主义或科技万能主义"自有其伟大之处，自有其至理存在，而且创造了无数人间科技奇迹或神话。然则，无论科技如何发达和神奇，如果人类失却精神家园或价值之本，人间天国则必然是海市蜃楼。

道德哲学或价值判断是否真如某些科学家所说的那样，孰是孰非，了无定准？非也。依照中国儒圣先哲所开辟的孔孟之道，人的价值之源和立身之本就是人的本心或本性，亦即仁心，绝没有第二个源泉或本源。人的价值生命或道德法则是坦然明白、人人皆有、本自具足，是不需要任何辩论或经验知识来论证的。人的价值生命、价值之本、精神之源，绝不需要像寻求现象界的规律那样，去向外追逐、做实验、找证据、去证伪、去发现。人心人性，人人具足，当下呈现，怎么需要去发现、去证伪、去实验呢？

陆象山说："夫子以仁发明斯道，其言浑无罅缝。孟子十字打开，更无隐遁，盖时不同也。"夫子所谓发明斯道，并非无中生有之发明，乃是以仁概括之，指点之，阐明之。夫子之指点和阐明，皆是从日常生活之视听言动随机指点和阐明，非是从一个庞大的义理逻辑结构证明之，亦不是从纷繁复杂的经验现象里去发现之，盖人的价值生命或价值之源，本来就在那里，人人皆有之，人人皆内在地具之，只是我们时常为私心私利所迷惑，所障蔽，放其心而不知求。

是故孟子曰："仁，人心也；义，人路也。……人有鸡犬放，则知求之；有放心而不知求。学问之道无他，求其放心而已矣。""求则得之，舍则失之；是求有益于得也，求之在我者也。"陆象山则斥那些试图各立门户以纷纷向外追求"立人之道"之所谓学问为"闲议论""黏牙嚼舌"。象山苦口婆心教导弟子和后人，道德学问只有一途，没有其他途径，此一途就是要识得"我心即是宇宙，宇宙即是我心""心外无物，道外无事"。王阳明龙场悟道，猛然醒悟，原来"圣人之道，吾性自足，向之求理于事物者，误也"。

是故，儒圣千古圣贤血脉相传，早就说得清清楚楚。人的价值生命或价值之源，人之所以为人，人如何成为一个真正的人，人之道德法则，看似纷繁复杂、高深莫测之学问，其实是坦然明白。关乎人的真理只有一个，寻求人的真理只有一途，与所谓经验知识之多少没有关系。

《论语》有曰："侍父母能竭其力，侍君能致其身，与朋友交言而有信。虽曰未学，吾必谓之学矣。"寻求道德真理或做人的真理，与通途所说的知识无关，此乃中西圣哲同心所契。

康德说："终极目的不过就是人的全部天职，而讨论此全部天职的哲学即名曰道德哲学。由于道德哲学所有的这种优越性，即优越于理性的一切其他业绩的这种优越性，所以古人在使用哲学家一词时，常特别意指道德家而言。而甚至在今日，我们亦因着某种类比而被引导去称一个在理性的指导下显示自制的人为哲学家，不管其知识为如何的有限。"

不管其知识如何的有限，此处知识就是通途所谓经验的知识。经验知识如何有限，并不妨碍一个人成为一个道德家意义上的"哲学家"。此处所谓哲学家就是一个依照道德法则为人行事的真正的人，就是以人的价值生命为生命的人，就是能够挺立价值之本、发掘价值之源的人，就是孟子所谓"君子所性，仁义礼智根于心。其生色也，睟然见于面、盎于背、施于四体。四体不言而喻"之人，就是陆象山所谓"先立乎其大"之人，就是王阳明所谓知行合一之人。

经过以上分疏，我们当能明白：那"应当是什么"者，绝非如实证科学家以为的那样，孰是孰非，了无定准；既无法"实证"，故不能与科学等量齐观；既不能与科学等量齐观，则难以登学术大雅之堂。此种"不知类"之浅薄之见，即是现代科学至上主义泛滥之恶果。华夏儒圣先哲和西洋大哲康德皆认为道德哲学具有相比理性的一切其他成就的优越性，亦即具有指导或规范一切其他理性业绩之优越性。是故《中庸》说"尊德性而道问学"，是故陆象山批评朱子"既不知尊德性，焉有所谓道问学"，是故康德强调道德哲学具有相比其他一切理性业绩的优越性，强调实践理性高于纯粹理性。

然而，实践理性或道德哲学之真理为一，并非意味着认识实践理性之真理比认识或发现纯粹理性之真理为容易。实践理性之认识，并不在于你知道人的价值之源或精神之源何在就够了，而是在于以日常生活之践履去真实地实践之。实践理性或道德践履之终极目的是成为一个真正的人，即成为佛家所说的佛，道家所说的真人、至人，儒家所说的圣贤，康德所说的哲学家。

佛家所说的佛，道家所说的真人或至人，儒家所说的圣贤，乃至康德所说的哲学家，皆是指人生修为或人的价值生命所能够达到的最高境界，亦是人的价值生命之最高蕲向或最高层面，他们代表着人生的终极方向或终极目标。

人之所以异于禽兽者，并不是其自然生命。从自然生命角度看，人固然有许许多多高于其他生命的生存技能，且能够发展或发明出无限多样的改进自己生存状态的物质手段，然而，其他动物亦有许多人类无法企及的生存能力或技巧。鹰击长空，鱼翔浅底，此人所不能也。但是，人之所以异于禽兽者，乃是其价值生命，乃是人本自具足的对价值生命的永无止境的追求，直至成佛、成真人、成至人、成圣贤而后止。

依佛家，任何生命乃至天地万物一切皆有佛性，亦即皆有价值生命之可能性或追求价值生命之潜能，然而，唯有人能对价值生命有自觉的认知（知体明觉或良知良能）和自觉的追求，此所以佛家感叹"人身难得"。人的价值生命或价值之源只有一个，没有第二个，依照价值生命之原则去生活，去度过一生，去修为或修养，去努力成佛、成真人、成圣贤，去达到价值生命之最高境，亦即康德所说的实践理性或实践的智慧学。此义坦然明白，本自具足，不假外求。

与那无限多样的现象界的知识或规律相比，或者说与思辨理性（纯粹理性）所能够或期望发现的现象界规律相比，实践理性的规律或法则就是那一个。孔子曰：我欲仁，斯仁至矣。孟子曰：求则得之，舍则失之，求之在我者也。象山曰：本来自足，无须它求，自立而已。阳明曰：致良知。然而，实践理性之规律或法则简单易明，人人皆可识得，却绝不意味着人人皆可轻易成佛、成真人至人、成圣贤、成为康德所说的哲学家。

旷观千古，有几人真正达到价值生命的最高境界？有几人曾经达到圣贤之境？当然更无人敢自称已经成为圣贤或康德意义上的哲学家。对此，康德有非常精彩的阐述：

> 一个智慧的教师必不只是意谓一个学者（一个学者并未进至如此之远，即如以达到如此高之目的之确定期望来指导他自己那样远，当然亦未以此来指导他人）；智慧的教师是意谓智慧的知识中之师（牟宗三先生案：即中国所谓人师），智慧的知识之师所涵蕴的比一个平庸人所要求于其自己者为更多一点。这样，哲学如同智慧必总仍然是一个理想，此理想，客观地说，其被呈现为完整的是单只在理性中被呈现为完整的（单只是完整地呈现于理性），而主观地说，对一个人而言，它只是此人之不停止的努力之目标，而无人能有理由宣称为实得有之，得有之以冒称哲学家之名。倘无人能展示此理想之不可错误的结果于他自己的人格中以为一范例（即在其自我作主中以及在那"他于一般的善中异常地

感有之"的那无疑问的兴趣中，展示此理想之不可错误的结果于他自己的人格中以为一范例），而这一点却亦正是古人所要求之以为一条件，以为值得有那个可尊敬的（光荣的）"哲学家"之头衔之条件。①

正是因为现实中的个人或个体无法在有生之年成为康德心目中完美的人，亦即康德实践理性之最高境界（哲学家），人之道德实践永远处于一个无限接近哲学家（道德实践的最高境界）的过程之中，所以为了让哲学家之追求成为可能（至少是理论上的可能），康德就必须首先假设人具有自由意志，假设人的意志是自由的。人若没有自由意志，就不可能去自觉地进行道德实践；人若没有自由意志，道德法则必定是他律的，而他律道德其实就是对道德的根本否定。康德之前的西方哲人皆主张他律道德，直到康德才奇峰突起，一扫前任之非，明确主张自律道德。光有自由意志还不够，康德还必须假设灵魂不灭，亦即假设人能够存在于一个永恒或无限的过程，否则无法实现道德实践的最高目标，即成为完美的人或理想的哲学家。最后，光有道德的完美还不足，人肯定还需要幸福，为了实现道德和幸福的完美统一，康德必须假设上帝存在，唯有上帝存在才能保证道德和幸福的完美统一或恰当配比或实现最高善。

当然，依照东方智慧传统（儒、释、道三家），人之实践理性或道德实践之最高境界（成佛、成真人、成圣贤）并不一定需要在一个永恒或无限的进程中去逐渐接近或实现。康德的意思是，人即使在无限和永恒的道德实践进程里，亦只能无限接近那理想的哲学家之境，却不能真正实现之。依照东方智慧，康德的道德实践只是"渐进之路"，而没有"顿悟之路"。

---

① 引自：牟宗三. 圆善论 [M]. 长春：吉林出版集团股份有限公司，2010.

东方智慧则明确主张人之道德实践的最高境界，既可能通过渐进或持续坚韧的修行慢慢达到，亦可能在修行过程中"顿悟"达到。佛家、道家、儒家皆有"顿悟"之途，并不一定需要假设一个永恒和无限的修行历程。然而，即使顿悟成佛、成真人、成圣贤，人亦不能就此放松自己，仍需时刻警觉或修行，不仅如此，还要时时刻刻去忍辱负重，启迪和度救众生，并非是自己一日顿悟成佛、成真人、成圣贤，人生使命就结束了，那只是一个新的开端或起点。菩萨誓言"只要一人未成佛，我绝不成佛"，势必度尽众生方才成佛。因此，东方智慧虽然不需要像康德那样假设一个永恒和无限的进程，其实亦肯定人生的修为或实践理性或道德实践亦是一个无限和永恒的进程，就此而言，东西方智慧并无分歧。东方智慧明确肯定"顿悟之路"，乃是因为东方智慧皆肯定人有智的直觉，人具有自由无限心，人是有限而可无限的存在。西方智慧则不肯定人有智的直觉，不肯定人有自由无限心。康德将智的直觉和自由无限心只归于上帝，只有上帝才有。此乃东西方智慧之最根本分歧之处。

由此我们可以肯定地说，无论东方智慧还是西方智慧，皆最终体认到道德真理或实践理性之真理只有一个，没有多个。道德真理或实践理性之真理就是做人的真理，就是成佛、成真人、成圣贤、成为理想哲学家之道理，此道理只有一个，没有多个。当然，此唯一真理可有随机不同的无限多样讲法，亦可有无限多样的名词术语以描述或言说之，道德实践或实践理性之践履亦有无限多样之方式（修行的功夫自然可以无限多样），凡此皆只是那同一真理的无限表现形态。真理只有一个，表现方式则无限多样，所以理一万殊。

实践理性之真理或道德之真理简单明白，无须通过实验或寻找经验证据来获得。我们对此遇到的困难并不是道德真理或实践理性之真理幽深难知或高深莫测，而是：

其一，我们最易忘记或忽略那最简单的真理或道理，我们时常放失自己的本心。孔子告诫我们："操则存，舍则亡。"孟子告诫我们："学问之道无他，求其放心而已矣。"象山告诫我们："端绪得失，则当早辨。"真理就在这里，就是我们的本心，就是我们的仁义礼智之本心，可是我们却时常失其本心，放失本心。

其二，即使我们识得本心，道德修行或日常践履功夫却经常不足，从而并不能体认或证知那个坦然明白的真理。道德真理或实践理性之真理坦然明白，就在吾心，我们却不自知，只知道向外追求，只知道被私欲或物欲所牵引，以至于庄子在《齐物论》中对人生之悲有无限感慨：

> 一受其成形，不亡以待尽。与物相刃相靡，其行尽如驰，而莫之能止，不亦悲乎？终身役役而不见其成功。苶然疲役而不知其所归，可不哀邪！人谓之不死，奚益！其形化，其心与之然，可不谓大哀乎？人之生也，固若是芒乎？其我独芒，而人亦有不芒者乎？

因此，道德真理或实践理性之真理，困难不是"求知"，因为那根本没有"求知"的问题。人人皆有本心，本自具足，不假外求，无须任何经验知识来"证伪或证实"。康德亦明确指出，认识到人的全部天职或人的职责与知识之多少没有关系。

然而，无求知之难，却有修行之难。道德真理或做人的真理并不是圣人指出来，我们知道就行了，道德践履或修行必须从头开始，自己去体认，自己去努力以期待成佛、成真人、成圣贤、成理想的哲学家，别人无从替代。易言之，道德真理坦然明白，就在本心，可是我们都必须从头来过，不能求助他人。

第十三章

人工智能革命与人心的创造性

人心或人性为何有如此惊人的创造力？创造力究源自何处？此乃古往今来一切学问家同感困惑而必欲寻求答案之最大问题。今日心理学、生理学、人工智能、脑科学等诸般学问之重大进展，已经为我们理解创造力或心之创造性提供了非常丰富的材料和极其深刻的洞见。

人心的无限和超越创造性不仅是历来一切宗教哲学思想致力研究和沉思的最高问题，亦是现代科学所致力研究的最高问题。这是很自然的事，因为人的创造性和创造力不仅是生命最高的秘密，是宇宙最高的秘密，而且是推动人类一切进步的唯一动力。任何国家、任何民族、任何文明的进步，唯一正确之道就是建立或创造最合适的制度，以最大限度地激发每一个人的无限创造性。制度本身又是人心的创造，是思想的产物、精神的产物。

东方圣哲主要从超越的意义上来体悟或分析人心的创造性，无论佛家、儒家，还是道家，都是从超越的意义上来分析或体悟心的创造性。所谓超越意义的心，就是当下直接肯断或顿悟的心，就是形而上意义的心，非是经验意义上的心。经验知识意义的心就是自然物理和生理学意义上的心。

现代科学正是从经验科学的角度来研究人的创造性，具体而言就是脑科学所揭示的人脑的运行机制。

信仰和理性的区分

有一种观点认为，信仰来自心，理性来自脑。人为什么会有信仰，尤其是有不同的信仰？信仰的持久性和强大力量为什么远远超过理性的力量？科学昌明和物质丰富的时代，人们似乎更加需要信仰的力量，这究竟是为什么？为什么全人类无法形成一个统一的信仰或宗教？宗教冲突为什么是人类历史上最持久、最血腥的冲突？理性能够挑战或战胜信仰吗？欧洲启蒙运动的使命就是要将人从宗教狂热或宗教愚昧中解放出来，事实上并没有取得真正的成功，宗教信仰依然是左右人类生活最重要的力量之一，宗教信仰的力量、科学技术的力量、政治经济制度的力量，三者究竟哪个对人类生活的影响更为巨大？实在是难以衡量。不过，科学技术的力量和政治经济制度的力量皆无法取代宗教信仰的力量，则是毫无疑义的。

由此需要思考更深层次的问题。信仰的本质究竟是什么？理性的本质又是什么？信仰和宗教的本质是一种超越的创造性吗？是一种超越的启示吗？是一种更高的创造性吗？是一种先天的创造性吗？理性则是一种经验的创造性，一种主要基于分析和计算的知性和感性能力，亦即佛家所谓的"分别计度"和"不相应行法"。

信仰和宗教的本质是一种智心的创造物，是自由无限心的创造物，是神圣意志的创造物，是无执的创造物（借用牟宗三先生的词语）；理性和科学的本质则是识心的创造物，是识心分别计度的创造物，是感性和知性的创造物，是有执或执着的创造物。

所以智能的本质应该从两个层面来考察。第一个层面或较低的层面是识心的能力或创造性。识心的创造性或创造能力以"分别计度""不相应行法"或者康德所说的感性形式或知性范畴为基本形态或工具。识心的创造性需要敏锐的感性，包括敏锐的感触直觉，系统、深刻而精确的知性分析能力，严密的逻辑推理能力（如数学和几何）。识心的创造性和创造能力就是以感性、知性、想象力、逻辑思辨和推理能力为主（或全部或唯一）。人与人之间的识心创造能力亦是千差万别。有人擅长数学，有人擅长物理，有人擅长实验，有人擅长理论思维。

计算能力只是识心创造能力的一个环节或一个组成部分。古往今来，人类通过创造各种机器，大大扩展了自己的识心创造能力，譬如天文望远镜大大提升了人类观测宇宙空间的能力；显微镜大大提升了人类观测微观世界的能力；精确的测量仪器大大提升了人类度量物质世界各种状态或性质的能力；各种高精尖的仪器设备更是大大提升了人类分析物质成分的能力；计算机的发明则极大地提升了人类的计算能力，今天，任何一部普通手机或电脑的计算能力都超越了人类最伟大的计算天才！无论是战胜国际象棋大师卡斯帕罗夫的 IBM（国际商业机器公司）深蓝，还是先后战胜韩国棋手李世石和中国棋手柯洁的阿尔法狗，其本质的功能依然是计算能力，今天，人工智能的几大前沿领域如语言识别、图像识别、大数据处理等，皆是基于机器强大的计算能力。然而计算能力只是识心创造性的一小部分，还根本不能称为智能，即使是被称为识心意义上的智能亦不够格，更远远谈不上智心意义上的智能或创造。当然，人们通常也将知识的创造能力称为智能，而且是最重视的智能。我们称之为识心意义上的智能，以区别于智心意义上的智能。

知识或科学的创造只是识心意义上的创造性或创造能力之一部分，另一部分则是情感的感知，亦即人类各种心理活动或心理行为。一切文学、诗歌、音乐、戏剧、建筑、雕塑等数之不尽的艺术创造主要是人类情感的表达。当然，每一个时代人类情感的表达皆与科学技术息息相关，艺术和科学的结合是人类生活的一个主旋律。人类日常生活中的情感表达（喜怒哀乐、七情六欲等）正是识心创造性的另一个重要侧面。人类在这方面的创造性或创造能力亦是千差万别，有人是伟大的诗人，有人是伟大的建筑师，有人擅长以文字表达情感，有人擅长以音乐书法表达感情。

然而，若细思之，无论是识心之知识或科学的创造性，还是识心之情感或艺术的创造性，皆与智心那超越的创造性息息相关，很难完全区分，更谈不上截然分开。

实践理性和思辨理性如何能够分开呢？康德为什么说实践理性高于思辨理性？智心高于识心？此类问题实在还没有很好的答案。

人心或人性创造性的物理或生理机制：大脑神经元的生态体系

人性或人心的创造性莫过于对人自身的创造，对"我"的创造。人的一生，其实就是自我发现的一生、自我创造的一生，人的一生具有无限多样性和无限可能性。古往今来，许多哲理名言无不昭示人生本自具足的无限创造性和无限可能性。所谓"浪子回头金不换"，所谓"从前种种，譬如昨日死；以后种种，譬如今日生"，所谓"洗心革面，重新做人"。英雄能够堕落为"狗熊"，君子可以堕落为恶棍，狗熊可以一跃成为英雄，恶棍可以摇身一变为君子和楷模。佛家所谓"放下屠刀，立地成佛"，《易经》亦曰"君子豹变，大人虎变"。历史上许多伟大人物皆经历多个角色的转换，皆经历了多重人格的变幻和考验，皆经历了多个"我"的转换和演化。

佛家一往谈空，首先劝说芸芸众生去掉我执或自我。我是谁？我究竟是什么意思？佛家剖析极为深刻、谨严和细致。其实，世间本无我，庸人自扰之。人的意识、思虑、情感、预期、愿景等无时无刻不处于千变万化之中，伟大的念头和卑劣的念想能够同时涌现。一个满怀同情之心的人转眼之间却会变为冷漠无情之人，一个发奋忘我工作者可以很快变成一个无所事事的懒汉，一个原本诚实质朴之人很快会转变为一个尔虞我诈、斤斤计较的高手。

人的创造性、可变性、多变性究竟源自何处？佛家《金刚经》开篇就说："一切贤圣，皆以无为法而有差别"，所谓无为法，就是世间万法之本源或真体。人必须破除一切执念或识心之执才能够证得或识得无为法的真体。一切贤圣皆以无为法而有差别，任何人无论修行修为到如何地步，其证得无为法的程度都是有差别的。佛就是证得无上正等正觉之人，是真正能够去掉一切识心之执之人。那么，为什么去掉识心之执或我执是如此之难呢？每个人都有这样的经验，当我们努力打坐或静坐、将意识集中到某一点的时候，却总有无限思维念头犹如奔流不息的江河滚滚而来，我不知道有多少人真能将意识念头收摄集中到一点，甚至完全化掉全部意识念头，总之是极为困难之事。

其实，换一个角度来考察人类意识和思维的本质，我们就能真正理解人类无限多样性的创造性本质。当代认知心理学家和脑科学家已经揭示出人的意识产生的机制或意识创造机制。创造原来来自一个分布式的机制，一个网络机制。人体并没有一个中枢机构来控制我们的意识和思维，思维和意识并没有一个确定的规则或法则，每当我们需要产生某个意识念头之时，中枢神经机构就依照这个既定的规则将这个意识、念头和思想创造出来。

相反，意识、思维、念头、思想却是从一个分布式、网络式的神经元系统里"涌现"或"突变"出来的，这种涌现或突变是随机的，或者说随时变换着组合，只要众多神经元的组合稍微变动，新的念头或思想就会突然冒出来。人们经常有所谓"灵机一动"的体验。人体大脑神经元本身可能也具有一个学习的过程，或者会储存所学习到的信息。

当众多神经元长期学习或熏习某一类信息、知识或经验，它们就会存储此类信息、知识或经验，于是，本身携带或储存有类似信息的多个神经元随机组合之时，就必然会创造出新的信息组织，新的知识就创造出来。新的知识其实就是各种信息、知识或经验之间的新的连接或组合。本身携带或储存各种相关信息的神经元构成一种分布式和网络式的生态系统，不断创造出新的知识或信息。任何一个新的信息、知识或经验都可能刺激神经元生态系统产生新的组合，从而创造出新的知识。所以，具有创造性的科学家往往都是专心致志长期思考所研究的课题，终有一日突然灵感爆发或灵机一动，一个全新的发现应运而生。即使在梦境里，神经元亦在随机组合或不断变换。具有创造性的科学家还有一个重要特征，那就是知识非常广博，尤其是对本领域拥有深刻和广博的知识。

爱因斯坦说"想象比知识重要"，想象其实就是神经元的随机组合。一个对某个领域毫无知识储备的人是不可能对该领域有任何想象的，只有长期浸淫或熏习该领域知识的人，才有可能凭借丰富的想象力创造出全新的知识。我们常说一个人大脑灵活、想象丰富，可能就是这个人的大脑神经元具有更加快捷、敏感和更加多样的随机组合。至于人与人之间的大脑神经元随机组合能力为何会有差异，此问题还没有满意的答案。

但我们都知道，一个纵横驰骋多个知识或专业领域的人，往往具有更强大的创造力和更丰富的想象力，一个能够横跨完全不同专业和知识领域的人，往往具有令人惊奇或出乎意料的创造力或创新力，譬如乔布斯就是横跨技术、商业、艺术等多个领域的怪才。许多新学科的创造都是源自不同学科领域知识的碰撞，都是由那些掌握多个专业领域知识的学者所开创，此类例子不胜枚举。我们也知道，移民城市或移民社区往往更具有创造或创新活力，最经典的案例就是硅谷和以色列，因为移民社会就是多个不同思想、理念、知识相互激荡和碰撞的生态系统。

因此，人脑内在结构（大脑神经元的分布式和网络式的结构，及其随机组合和变化的动态生态体系）内在地决定了人具有无限可能性。人可以是天使亦可以是魔鬼，人可以是智者亦可以是愚顽之辈，其天壤之差别就在于我们采取何种生活态度或生活方式。生活态度或生活方式直接决定了大脑神经元所储存的信息和知识。

第十四章

人类经济活动的最终实体或本源

佛家智慧的启迪

佛家悟道成佛之修行方法共有37种，称为"三十七道品"。其中有著名的"八正道"：正见、正思维、正语、正业、正命、正精进、正念、正定。善哉！八正道！

若细思之，此八正道亦是一切学问所应该遵循者。夫学问者，绝非知识和信息之累积或堆砌，绝非一些数据、材料和故事之归集或汇总。夫学问者，乃发现或揭示宇宙万物和人生社会之真理或规律是也。规律或真理，亦主观亦客观也。主观者，盖一切真理或规律皆是人心所创发，皆是人心之规律，人心之真理。识得本心，即识得规律，即识得真理。

康德谈现象界或自然界的真理或规律，有曰：知性为自然立法。康德谈道德的最高规律或最高真理，谈道德的神学或道德的形而上学，则以意志自由、灵魂不灭和上帝存在为三大设准，此三大设准亦是人心之本质的规律或真理也。是故无论是自然界之规律或真理，抑或道德界之规律或真理，皆是人心之创发或人心之规律或真理。

儒圣先哲自孔孟到陆王，皆曰：道外无事，心外无事。孟子曰：尽其心者，知其性也，知其性者，则知天也。又曰：万物皆备于我，反身而诚，乐莫大焉。象山曰：宇宙即是吾心，吾心即是宇宙。阳明曰：圣人之道，吾心自足，向之对外求理者，误也。如此精辟纯粹之见道真言，虽是对道德的创造性而发，其实亦概括宇宙万物之规律或真理。所谓客观者，非谓真理或规律由外铄我也，非谓真理或规律源自外部世界本身也，乃是指宇宙万物和人生社会之规律或真理一旦被发现或揭示出来，则为人类所普遍接受。

普遍接受之规律或真理，即为普遍的规律或真理，即为客观的规律或真理。为何人人皆能接受真理或规律？盖此心同则此理同。人心或人性之感性或现实的表现固然千差万别，然则人性或人心之本质别无二致，儒家称之为本心，道家称之为道心，佛家称之为佛性或真心。是故象山曰："千古圣贤若同堂合席，必无尽合之理。然此心此理，万世一揆也。"

发现或识得此万世一揆之理，就是正见。舍此皆是偏见、倒见、邪见。一切学问，皆必以正见为皈依。有正见，方能有正思维；有正思维，方能有正语（正确或正当的语言或表达）；有正语，方能有正业（正确或正当的事业或人生前进的方向）；有正业，方能有正命（正大光明之生命，俊朗挺拔之生命，仰不愧于天、俯不怍于地之生命）；有正命，方能有正精进（立定正确的生命道路，才能有坚定不移、矢志不渝之努力方向）；有正精进，方能有正念（正确的信念）；有正念，方能有正定（无论遇到如何的挫折，遭遇如何的痛苦，皆能独立不依，坚定不摇，犹如泰山磐石，我自岿然不动）。

所谓正见，归根结底就是有本之学之"本"。任何学问必须务本，本立而道生。此本即是宇宙万物和人类社会的根源或本源，或者根源或本源处的规律或真理。亦即宇宙本体之规律。任何科学或学问穷深极高处，必定指向宇宙本源之规律，宇宙一切现象之具体的或部分的规律必定是此本源规律之体现。

现代物理学两大伟大发现，一是以量子力学为代表的微观物理学，对物质内在结构或终极本质（物质究竟是什么）穷极钻研，已达不可思议之境（所谓弦理论实在是不可思议，至少超越了寻常人可思议之境界）；二是以爱因斯坦相对论为代表的宏观物理学，对宇宙空间之运行规律和宇宙自身的起源和命运穷极钻研，亦达不可思议之境，诸如宇宙大爆炸最初的图景（如诺贝尔奖得主温伯格所描述的最初三秒钟）、宇宙膨胀、黑洞、星体坍缩、多元宇宙等，早已超出寻常人可思议之境。然则，极微世界的物理学和极宏世界的物理学如何统一，从而达到物理学规律的真正统一，至今依然令物理学家为之困惑、为之着迷、为之奋斗。宇宙万物或物质世界的终极规律究竟将统一到哪里？所谓大统一物理学是否真的可能？

物质世界的终极规律达成统一还只是第一步，人类探索规律或真理的最终极统一之境，乃是宇宙万物之规律与人类社会之规律达到统一。这个终极的统一规律乃是一切学问之"本"或"正见"。

以此观之，经济学者走的弯路实在是令人扼腕。西方经济学的基本不足，一言以蔽之，就是缺乏中庸或中和的智慧：特重物质而少重精神；特重使用价值而少重生命价值；特重实证科学方法而少重超越哲理思辨；特重经济效率而少重社会公平；特重人的物质生命而少重人的精神生命；特重科技万能而少重人文提升。

自今而往，经济学欲成为一门真正有益于人类之学问，则上述关系必须要回归中庸或中和之境：既重物质价值又重生命价值，既重物质又重精神，既重实证科学方法又重超越哲理思辨，既重经济效率又重社会公平，既重人的物质生命又重人的价值生命，既重科技万能又重人文提升。欲达此目的，则必须以价值生命的创造、弘扬和升华为经济学的灵魂，则必须转化和修正自私和效用最大化的基本理念和研究方法。

从哲学上说，经济的本质或者说经济行为的本质究竟是什么？此问题颇难回答，从哲学上说，世间万物最终的本质或最终的那个"实有"（being）或实体（reality）到底是什么呢，哲学家至今还在争论，而且还会永远争辩下去。依照牟宗三先生的讲法，西方哲学始终是"为实有而奋斗"（struggle for being），西方哲学如此，科学如此，宗教如此，总要找到那个最后的实有或实体。物理学家至今已经找到"弦"的境界了。我们看到大千世界各种现象，背后的实体或实有究竟是什么呢？千百年来，物理学家从分子、原子、质子、中子、电子、夸克，一直探索到"弦"的境界了，却依然没有找到那个最终的"实有"或"实体"。

经济学者虽然没有明确讨论经济现象背后的"实有"或"实体"，但我猜测每个稍具超越思辨精神的经济学者，必然或隐或显地会感受到或思考经济行为或经济现象背后的"实有"或"实体"。当然，已经有一条基本的追寻"实有"或"实体"的路径，代表性著作就是生物学家道金斯的《自私的基因》。经济学者认为一切经济现象背后的动机是人性的自私，道金斯则"发现"了自私的基因！为什么会有自私的基因呢？那是因为生存的压力，适者生存、不适者淘汰的自然选择过程进化出自私的基因。

基因背后又是什么呢？从分子生物学往后追寻，很快就走到物理学家的道路上了，这就是物理学家温伯格所说的"始终向下的解释箭头"，最后必然指向基本粒子或"弦"的境界。西方思想的传统，总要寻找到宇宙人间万象（一切现象）最后的根源或第一因，总要寻找宇宙人间万象背后的那个"实体"或"本体"。西方哲人为现象与本体（实体）之间的关系穷深极远，倍费思量。柏拉图认为唯有理念才是真实的，感性世界（sensible world）或现象世界不是真实的；康德认为"物自身"（noumena）才是超绝的实体，现象（phenomena）则只是表象。现象和物自身的区分是康德哲学体系里最关键最重要的洞见。其他哲学家谈论本体或实体，亦各有所指。本体或实体究竟是什么，至今莫衷一是。

东方传统则完全相反，佛教不讲本体，佛教所说的"实相""如相""圆成实性"等名词，并非西方哲学意义上的本体或实体。所谓"诸法不自生，亦不从他生，不共不无因，是故知无生"，因此所谓生死是完全无法理解的。世间万象皆是"缘起性空"，既然缘起性空，所以诸法无自性、诸法无常、诸行无我；世间万象没有一个最后的本体、第一因或上帝。佛教观察宇宙人生万象的视角非常特别，深受西方科学思维影响的人很难理解佛教洞察世界的独特视角。

当今西方科学方法论其实源自休谟和康德的哲学。依照康德，一切的现象和表象只是一些关系，一切事物呈现在我们面前而为对象时，就已经在关系之中；我们所了解的现象就是通过这些关系来了解，即事物只有在关系中才能成为我们的对象。所谓科学就是要理解这些现象或表象，亦即理解这些关系，任何科学皆如此。至于康德所说的与现象或表象相对的"物自身"，则不仅不是人的知性所能理解的对象（物自身根本就不是对象），而且人根本没有能力去理解，唯有智的直觉方能理解物自身，而智的直觉唯上帝才有，人根本不可能有，因为人是有限的存在。

康德所谓"知性为自然立法"，亦即现象界之规律乃是由人之知性之内在的秩序所规定。什么是人之知性之内在的秩序呢？那就是感性的形式和知性之法则性的纯粹概念。为什么人类可以理解世间万象（一切现象），因为人先验地具有感性的形式（时空），人的知性先验地具有法则性的概念或纯粹概念，即通常所说的范畴。所有现象之理解即由时空形式和纯粹概念或范畴来决定。通常所谓假说或学说，无非就是概念或范畴之间的关系。斯蒂芬·霍金的《时间简史》有云："理论只不过是宇宙或它的受限制的一部分的模型，一些连接这模型中的量和我们的观测的规则。它只存在于我们的头脑中，不管在任何意义上，不再具有任何其他的实在性。"[1]

科学的目的就是寻找或解释事物之间的因果关系。从科学的角度看，这些关系本身就是真实存在的，所以科学家总是不断追溯因果关系直至最

---

[1] Steven Hawking, *A Brief History of Time*, Bantam Books, 1988, p. 20–21.

后的原因或第一因。不仅如此，科学家相信事物或现象之间的因果关系具有确定性，具有确定性的因果关系就是所谓的规律了。A 发生，B 必然发生；B 没有发生，意味着 A 肯定没有发生。这是最典型、最简单的因果关系。科学研究主要就是为了寻找这种具有确定性的因果关系。沿着这条因果链，我们可以一直追问下去：为什么 A 会发生？B 发生了又会导致什么现象发生？如此等等。所谓科学理论就是要说明 A 发生为什么必然会导致 B 发生，并因此能够给出类似的关于现象之间因果关系的推测，譬如 B 发生会导致 C 发生。

这种对确定性因果关系的追寻当然是经典物理学或经典科学时代的理念了。牛顿力学是最辉煌的例子。万有引力以极其精确的公式计算出天体的运动轨迹，所需要的只是非常简单的两个变量——天体的质量和天体之间的距离。A 发生导致 B 发生具有数学的严格精确性，这正是经典科学的理想。19 世纪后期的统计热力学和 20 世纪初期兴起的量子力学惊醒了科学家对精确确定性的梦想。A 发生不一定导致 B 发生，却可能有 B、C、D……无限多种可能性发生，每一种现象的发生都只有一个概率。人们突然发现，经典科学只能描述和解释宇宙万象的一部分，宇宙万象之间的关系大多数并不具备确定性因果关系。确定性因果关系只能描述和解释宇宙万象的一小部分。

休谟和康德发展出来的哲学思想为实证科学方法论奠定了基础，而将实证科学方法论推到极端者，乃是奥地利物理学家和哲学家恩斯特·马赫（Emst Mach, 1838—1916）。

根据爱因斯坦的说法，马赫的科学方法论的精髓是："任何概念只有当我们能够明确指出该概念所表征的对象以及将该概念与其所表征的对象关联起来的规则时，这个概念才具有意义。"[①] 易言之，你必须给概念一个明确

---

① 许良英 . 爱因斯坦文集 [M]. 17 版 . 北京：商务印书馆，2016：129.

的可操作的定义，说明你如何在现实中或经验中观察到此概念。马赫据此否定了牛顿物理学的"绝对时间"和"绝对空间"概念，因为我们完全无法根据任何观测来定义绝对时间和绝对空间。马赫的科学哲学对青年时期的爱因斯坦有巨大影响，对维也纳逻辑实证主义和实证科学方法论有巨大影响。我以为科斯和张五常强调观测和验证的重要性，与马赫强调任何概念的可观测性有异曲同工之妙。

然而，先不论物理学或自然科学之实证方法论的是是非非，将实证科学方法论引入经济学或人类行为的研究，则必然引起两个基本的问题。

其一，人类行为或人类现象的因果性是否能够与自然现象的因果性相比拟或相提并论。如果说确定性的因果关系仅仅能描述自然现象的一小部分，那么确定性因果关系能够描述的人类现象必定更少，基本原因是自然物质没有自由意志，而人却具有自由意志。易言之，人是能够自我觉醒、自定方向、自我调节的，人具有自我意识，人类行为或现象如何能够用科学方法来描述，本身就是一个重大疑问。张五常强调"现象必有规律"。此论断能够毫无差别地运用于自然现象和人类现象吗？显然不是那么肯定（张五常是肯定的）。

换句话说，如果说自然现象和人类现象皆有规律，二者规律属于同一性质吗？如果不是属于同一性质，那么人类现象之规律具有怎样的特殊性？无论是研究经济学还是其他有关人类的学问，我们首先需要思考此问题。

其二，即使我们确定能够将实证科学方法论应用于经济学或人类经济行为之研究，那么，马赫直到科斯、张五常所强调的可观测性（马赫强调概念的观测性，科斯强调假说的真实性，张五常强调现象和验证本身的真实性，等等）是否适用？因为显而易见，决定人类行为者，最关键变量往往是无法观测到的思想、理念、预期、情感等，即使是经济学家最善于操作的成本概念，其实也是一个主观概念，非客观概念也。同一物品或事件，对不同人的成本或代价往往千差万别。是故，简单将实证科学方法论应用于经济学或人类行为研究，至少是需要详加考量的。

远为重要的是，起自休谟和康德的实证科学之本质，依然是要追寻宇宙自然万千世界的"本质、实有或实体"。总要沿着因果链条追溯下去，直至最后的第一因或终极原因。将实证科学方法论引入经济学或人类行为研究，同样是要追寻人类行为的终极原因，虽然今天绝大多数经济学者讨论经济问题，往往都是"半截逻辑"或"半吊子逻辑"。正如张五常所说，我们假设人是自私的，只要从此假设能够推导出可以被事实推翻的假说或含义就行了，至于人是否真的自私则无须关心或无关宏旨。

然而，这其实就是经济学典型的"半截逻辑"或"半吊子逻辑"，也是实证经济学方法论的"硬伤"。但是，假若要将这个因果链追溯的游戏进行到底，则我们又不可避免地要走上物理学家的"向下的解释箭头"之路了。将人的经济行为追溯到自私，然后追溯到自私的基因，紧接着就到了分子和基本粒子。经济学和物理学殊途同归了，追寻"实有""实体"或"本体"之路，终于都指向"弦"的境界了。

然而，看似无懈可击的"实有或实体"追寻之路或"解释箭头"，却将我们带向一个毫无意义的、空洞无物的无底深渊，将人的一切行为或经济行为的本质最终归结为基本粒子或"弦"的性质及其运动，那么人和大千世界其他无机物和有机物的存在又有什么区别呢？这的的确确是一条终究迈向沉闷、无聊和毫无意义之路径，不可取也。所以我们必须摒弃物理学家追寻"实有"或"实体"之路，转而直接从人本身来追寻经济行为或经济现象的终极"实体"或"实有"。

其实，从需求定律到人性自私，再往前追溯，还有一条"非物理学"

的路径，那就是引入"自然淘汰"的思维。张五常对斯密赞赏有加，认为是斯密最早引入自然淘汰的思维，斯密影响了达尔文，才有达尔文的科学巨著《物种起源》。

张五常有曰："我们要在斯密面前跪下来，因为过后可见，他的论调含意着的自然淘汰观能让一些经济学者用'自私'的武断假设而达到道金斯说的那个深入层面。即是说，引进自然淘汰观，经济学不需要顾及有没有自私基因这回事。"[①] 张五常教授的恩师阿尔钦于 1950 年发表的那篇著名论文《不确定性、进化和经济理论》，证明以自然淘汰之思维推导出的经济行为结果，与自私假设推导出来的结果完全一致，是故我们无须争辩人性是否自私（或人性自私假设的真实性），只需以此为起点来分析人的行为就好了，因为即使不假设人性自私，只承认人类社会具有达尔文所说的"适者生存，不适者淘汰"，结果完全一样！

由此亦可直接引申出《新经济学》所倡导的"面向未来的创造性范式或思维"。所谓"适者生存，不适者淘汰"，自然界是什么样的机制来选择适者或不适者呢？人类社会又是什么机制来选择适者或不适者呢？所谓适者之"适"究竟是一种被动的适应还是一种创造性的适应或引领？要回答此问题，我们就需要仔细研究生物世界的进化逻辑（《失控》一书的作者凯文·凯利所说的生物逻辑）。

就算是日常最普通的观察也能告诉我们，所谓的适者往往是最具有创造性的引领者，而不是被动的跟随者或追随者。商业世界里，唯有那些能够永葆创造力或创新力的公司才能生存下来或者生存得较为长久（所谓基业长青）。基业长青公司的真正密码是什么呢？就是《重新发现神圣》一书

---

① 张五常. 经济解释（二〇一四合订本）：科学说需求 [M]. 北京：中信出版社，2014：231.

的作者斯图亚特·考夫曼所说的"永不停息的创造性"（ceaseless creation）。学术界、艺术界、文学界那些永远存活于人们心目中的伟大人物，不正是因为他们的作品或成果所具有的无限创造性吗？人们总是能够从他们的成果或作品中获得无限的灵感，这种无限创造性或灵感才是人类精神真正伟大之处。

当然，话说回来，所谓"解释"，原非只有实证科学或实证经济学那一种，原则上人类解释宇宙自然万象及其自身的行为，可以有无限多种方法，为什么我们要执着于某一种方法呢？为什么我们要执着于实证科学或实证经济学方法呢？考察、认识和理解世界可以有无限多个视角，可以有无限多个方法，每个方法皆有启发性或价值。学问之所以无穷无尽，此之谓也。

第十五章

恢复经济学的人学本质

我撰写《新经济学》，意欲启发经济思想领域之革命，核心即是恢复经济学之精神灵魂或价值生命，亦即恢复和重建经济学的人学传统。

所谓"人学"者，必以启迪、弘扬、创发和润泽人的价值生命为终极目标。人是自然生命和价值生命的统一体，而以价值生命为核心和灵魂。人之所以异于禽兽者何哉？端在价值生命的神圣崇高及其无限可能性和创造性。

人类经济活动之目的，既是为满足人类物质生活的需要，以维持、滋养和延续人的自然生命，更为重要的是满足、润泽和提升人的价值生命。人类及其每一个体的终极追求，乃是逐步摆脱自然生命和物质生活之局限、困扰和羁绊，进阶到价值生命和精神生活的超越、自由和逍遥之境。

马克思预言人类必然从必然王国进步到自由王国。必然王国是受自然物质力量支配的王国，自由王国则是人类价值生命和精神生活实现大发扬、大自在、大洒脱的王国。凯恩斯曾经预言，到2030年，人类将彻底解决经济问题，完全摆脱贫困和失业，对艺术、学术和科学的追求将成为人类生活的主体。凯恩斯显然过于乐观，然而他对人类未来的憧憬则是人内心深处的共同期待。

2000多年前，我国儒圣先哲孔子即预言人类社会将从据乱世进步到升平世，再从升平世进步到太平世。太平世亦即人类价值生命和精神生活得到最大限度发扬光大的世代。有学者指出，从莫尔到欧文、圣西门、傅里叶再到马克思的共产主义思想，其源头活水就是儒圣先哲孔子的"三世学说"。由此可见，启迪、弘扬、创发和润泽人的价值生命，乃是古今中外所有伟大思想者的共同理想，是所有思想者共同的最高蕲向。经济学以研究人的经济行为和人类经济制度为己任，亦必以启迪、弘扬、创发和润泽人的价值生命和精神生活为最高蕲向。易言之，经济学必属于"人学"之范围。

当代经济学的主要不足或缺憾，即在于将原本属于"人学"的经济学彻底改造成为一门以数学模型为主要工具、以解释现象为最高目标的"科学"，经济学者自豪地称之为"经济科学"。

须知我们今日所说之科学，早已不是康德哲学意义上的"科学"，而是现代实证主义意义上的"科学"，即以寻找现象界的规律或寻求能够被"证伪"的理论假说为终极目标之科学。

吾浸淫西学日久，总觉得西方经济学有不尽不足之处。思之久矣，始觉得西方经济学之不尽不足之处，即在于其失去了人学的价值内核和灵魂源泉。1969 年，诺贝尔经济学奖设立，标志着经济科学赢得与物理学、化学等"硬科学"等量齐观之地位。然而，将原本属于"人学"的经济学与物理学、化学等"硬科学"等量齐观，并未提升经济学之地位。

依吾之愚见，将经济学从一门"人学"归类到"科学"，其实是经济学地位的降低，至少是一种"不知类"的划分。作为"人学"的经济学并不排斥作为科学的经济学。人是自然生命和价值生命的统一体，经济学必是道德哲学和实证科学的统一体。道德哲学（依康德语，道德哲学即实践理性）旨在发现人的价值生命和精神生活之本质规律和最高蕲向；实证科学旨在发现人类经济现象之规律和演变方向。作为人学的经济学，必是道德哲学和实证科学之完美统一，道德哲学和实证科学并行不悖，相得益彰。

古典经济学者从斯密到马克思，皆一致强调人类经济生活的"二重性"，亦即人类经济生活的自然属性和价值属性。遗憾的是，20 世纪之后，经济学者逐渐忽视、忘记或抛弃了人类经济生活的价值属性，专注于研究人类经济生活的自然属性，即专注于研究经济现象的规律和方向。

一切人学，必以启迪、弘扬、创发和润泽人的价值生命为终极目标，是故一切人学，必以发现或昭示人的价值之源为基本天职。古往今来，一切伟大思想皆以发现、昭示、弘扬、润泽人的价值生命而成就其伟大。

熊十力先生非常欣赏一句话："最伟大的思想，必是传统的思想。"依照十力先生的阐释，所谓传统的思想，必定满足如下条件："其一，此等思想，必非限于某一部门的知识，而是对于宇宙人生诸大问题，特有解悟，因此能启示人类以超凡脱俗、至高无上、圆满无缺的理想生活。其二，此等思想，必非限于一时一地，或对某种流弊为矫枉过正之倡导，而其所发明之道理，确是通古今中外而不可易的。其三，此等思想，有大思想家创之于前，亦必时有大思想家继之于后，前后相互印证，虽或不能无小出入，如见仁见智见浅见深之殊，但其根本精神，恒相一致。[①]"

经济学思想的最高境界，必定以此等传统思想为皈依。因为经济学的研究对象是人，是具有内在价值生命的人，是能够自由和独立做出价值判断和价值取向的人。佛家曰：人身难得。其难得者，就是人所具有的自觉的价值意识或道德意识，就是人所具有的能够自我觉醒、自我觉悟、自定方向、精进不已直至超凡入圣之内在创造性或良知良能。此良知良能，佛家称之为佛性，道家称之为真凡，儒家称之为本心，西方哲人称之为神圣的自由意志。古往今来，一切经济制度和规则，皆是人类思想理念演变发展的结果，非是自然存在之物事，如大自然之山川草木者。

一切思想理念皆源自人心之创发，外部世界只是辅助条件。是故，欲理解人类经济制度和规则之演变规律，则必须理解人类精神思想和理念之演变规律，欲理解人类精神思想和理念之演变规律，则必须理解人心创造性之本质和规律。当代经济学者擅长将人类一切经济现象视作人之"选择"之结果，"选择"之本质则被看作是成本和收益之权衡，成本和收益则被视为"纯客观"之物事。成本和收益亦被称作局限条件。局限条件转变，则

① 熊十力. 熊十力论学书札 [M]. 上海：上海书店出版社，2009：247-249.

人之行为即发生转变；人之行为发生转变，必导致经济业绩或结果之变化。因此之故，经济学又被称为"选择行为的科学"。此种分析极大地推进了我们对人类经济行为和经济制度本质的认识，居功至伟，绝不可忽视。

虽然，我们亦须高度注意：真实世界的人，其行为的大多数并非是面对局限条件、被动做出选择，而是人心面向未来的一种创造，是人为寻求价值或努力实现自我价值的创造性活动。科学家、艺术家、企业家、思想家、政治家的活动对人类经济和一切生活的影响最大，他们的活动皆是面向未来的创造性活动，并非针对现有客观存在的事物进行选择。选择性活动是从已有的事物中选择；创造性活动则是"无中生有"或"从0到1"；选择性活动是面对局限条件做出判断或权衡，创造性活动则是突破局限条件。

奈特说：人的一切活动皆是在价值领域的无尽探索。此语意蕴深远无极，综括了人的活动之本质。

人类活动当然有相当部分是面对局限条件、针对现有事物做出选择的"选择性活动"，然而，对人类经济体系、经济制度、经济业绩影响至深的那些行为或活动，却是创造性活动。熊彼特称之为创造性毁灭或创新。

当西班牙伟大建筑大师高迪开始设计建造那些惊世骇俗的建筑杰作时，他正是要突破传统思维或局限条件，开启人类建筑艺术的崭新天地；当毕加索不断尝试全新的创作风格，为后世开辟一个充满创造性灵感、缤纷多彩的艺术世界时，我们很难用局限条件或选择来理解他那天马行空的世界和灵感；当乔布斯决意以自己的风格和理念来重塑整个电脑、手机、音乐、游戏、动漫等信息科技行业时，他并不是简单地去选择成本最低的选项，相反，他所选择的恰恰是风险极大、成本很高的冒险事业；当美国独立战争的英雄们决心揭竿而起，以武力驱除英国殖民者，发誓重建一个独立国家时，他们没有任何现成的制度或规则可以选择或借鉴。

欲恢复经济学的"人学"传统，须知人学之基本内涵。一切人学，要而言之，皆是康德依希腊古义所说的"实践的智慧学"。实践的智慧学由两个层面构成，一是爱智慧，二是爱知识。爱智慧即康德所说的实践理性，爱知识即康德所说的纯粹理性；爱智慧即儒圣先哲所说的尊德性，爱知识即儒圣先哲所说的道问学。

《中庸》曰："君子尊德性而道问学，致广大而尽精微，极高明而道中庸。"此为全部人类学问之弘规，即通常所谓的自然科学亦包括在内，盖自然科学只不过是人类理性之内在规律对自然现象之映射。

康德如此论述知性为自然立法之伟大论点：

> 因此，现象所具有的秩序和规律性，我们称之为自然，乃是我们自己引入的。如果我们自身或者说我们心灵的本质原本没有将秩序和规律设定在那里，那么我们就绝不可能在现象里发现秩序和规律。因为自然（即现象所具有的秩序和规律）的这种统一性必须是一种必然的统一性，亦即必须是现象之间相互连接所先验地具有的确定的统一性。如果在我们人类心灵原初的认知能力里，并不先验地存在这种统一性的主观基础，而且，与此同时，如果这些主观条件不具有客观妥效性的话（仅仅因为这些主观条件是我们可能认识或理解任何经验对象的基础），那么，这种综合统一性就不可能先验地被建立起来。①

我们所发现的自然规律或现象界的规律其实是人心或人性内在规律的

---

① Immanuel Kant, *Critique of Pure Reason*, The Macmillan Press, Ltd. 1933, p.14.

映射，经济学规律亦然。是故康德"实践的智慧学"的两层结构实际上皆统一于人心或人性的创造性。

实践的智慧学之两层结构必然归于一个完整统一的系统。康德对此论说得非常清楚：

> 人类理性的立法（哲学）有两种对象，即自然与自由。因此，它不只含有自然的法则，亦含有道德法则，它把这两种法则首先呈现于两个不同的系统中，而最后则呈现之于一个整一的哲学系统中。自然的哲学讨论那一切是什么者，而道德哲学则讨论那应当是什么者。[1]

即使只从亚当·斯密算起，近三百年以来，经济学文献之鸿富，诚可谓汗牛充栋，浩如烟海，以具体经济现象或问题之阐释言之，即以吾所有限经历者，亦真乃是伐尽南山之竹，不足以尽我词。然无论文献多么鸿富，理论多么高微，数学多么艰深，案例多么生动，其所含蕴之根本之道则必然为一也，无限丰富之文献言辞、理论模型、数据案例，亦不过那简单易明之道之体现，对此岂有异议乎？《易传》言：道在迩，而求诸远；事在易，而求诸难。千百年来经济思想家和理论家之努力，岂不是为寻求人类经济行为和经济体系（制度）之内在、普遍、根本的规律乎？岂不是为求根本内在之道乎？

欲求人类经济行为根本之道，必先明人心或人性之本质，亦即人之本质。盖人之本心即天地之心、宇宙之心。孔子践仁知天、孟子尽心知性知天，固主要从人性或人心之道德的创造性而言之，然处于今日时代，吾人

---

[1]　Immanuel Kant, *Critique of Pure Reason*, The Macmillan Press, Ltd. 1933, p.148.

岂不能进一步扩而充之，将践仁知天、尽心知性知天之宏规扩展到知识或物质的创造性，盖人心之创造性本来彻天彻地、贯古贯今，道德的创造性和知识的创造性本于一体，人心既能自己创发其道德的创造性以成其"之所以为人"，以践仁修行而达天德，以至圣人之境，亦能自己开辟出其本自具足的知识的创造性，以认识世界和改造世界，以认识宇宙自然之根本规律，以提升人的自然物质生活质量。陆象山喜言：事外无道，道外无事。象山所言之道当从道德或吾人修行成德方面言之，然此道岂不能亦涵盖宇宙自然之规律或客观知识乎？

盖知识和道德看似分属两途，自古亦有从知识入手言道德或直指本心以言道德之殊途，然二者实乃本心所本来含蕴者，本心能开道德创造性之门，亦必然能开知识创造性之门。吾人本心对圣贤境界或高尚生活之蕲求或渴望，与吾人本心对自然宇宙奥秘之好奇或渴望，同出一源，本无二致。吾人践仁修行以求至圣贤之境，与吾人格物致知以求知晓自然宇宙之规律，并无丝毫矛盾。不仅无丝毫矛盾，而且相得益彰，相互促进。

许多伟大科学家正因为窥见宇宙自然之无穷奥妙，而深信人类社会必有其本来自足之秩序，从而坚信自身当恪守道德宗教之约束而努力让自己的生活成为一道德的生活，努力让自己的生命成为一道德的生命。爱因斯坦、狄拉克就是最伟大的例子。

同样，历史上亦有许多致力道德宗教修行者因为洞悉到道德宗教所蕴含的奥秘秩序，而深信自然宇宙亦必然有其内在的规律，开始科学实验工作，从而有重大科学发现。遗传规律发现者孟德尔就是伟大的例子。佛家和儒家皆言"知是心之体"，固然是从道德之知或如来藏自性清净心之知处言之，然此语岂不能扩展至知识之"知"乎？心之道德之知之本体，亦是知识之知之本体。是故康德言"知性为自然立法"与儒家所意涵的"知性为道德立法"可合而言之，统称为"心为万法之本源"或"心即为万法"。

　　明白心为万法之本源或心即为万法，方可言经济学之道与术。经济学欲探求人类经济行为和经济体系之根本规律（道），此根本规律必定为吾心所本有，为吾心所含蕴，为吾心所彰显，为吾心所体证，是故经济学文献、理论、模型无论多么鸿富，皆为那"简单却幽深"之道之具体的体现。是故吾人欲探求经济学之道，必然要回归本源，回到人心或人性之本质，此所以吾欲恢复经济学"人学"之本源或本质。

结 语

经济学的终极哲理基础

经济学对人性认识的皈依

经济学者对人性或人心本质之理解，自当以儒圣正盈之教为皈依，不当仅仅以感性层面之自私假设为已足，不当以感性层面之人性或人心所表现出来的各种现象为人性或人心之本质（如斯密所精彩讨论的同情、恻隐、喜乐、哀伤、热爱、憎恨、奖赏、惩罚等各种情感；或者如马斯洛所精彩讨论的人类情感需求的五个层次；如其他无数心理学家所深入讨论的各种心理学现象或情感）。

儒圣正盈之教所彰显和弘扬的仁心、本心、四端之心、良知明觉等为人性或人心之本质，亦不妨碍我们对人性或人心感性层面之诸多现象之分析、认知和理解。感性层面或现象层面的无限多样的现象，亦是人心或人性的具体体现或彰显，它们可以是人之本性或本心直接发出，亦可以是人性或人心受外部环境干扰或扭曲而发出，因为从现实层面看，人一方面毕竟是有限的存在，是感性的生物，人的意志并非时时刻刻都能体现为神圣的意志。

作为有限的存在和感性的生物，人的行为必不能时时处处皆体现为神圣意志，皆体现人性之善或良知明觉，往往受外部环境之牵引或感性之诱惑而偏离人性之善的本质，出现无限多样之自我堕落之行为，人间一切恶行或罪恶（譬如自私自利之心所衍生的各种恶或罪恶）皆源于此。

反过来，我们亦不能因为人间有无限多样之罪恶或恶行，因为人易受感性牵引而自甘堕落，不能因为人是有限的存在，常常无法由神圣意志来决定自己的行为方向，从而否定人性或人心之善的本质，否定良知明觉或仁心本心，盖人类许多伟大行为或伟大创造确实来自神圣意志或良知明觉。

以此而论，正如牟宗三先生所指出的那样，《大乘起信论》所开创的

"一心开二门"之理境或分析架构则可以很好地被借鉴过来。前文已论，兹不赘述。

经济学之范畴

牟宗三先生将"理"分为六类："名理，此属于逻辑，广之，亦可包括数学；物理，此属于经验科学，自然的或社会的；玄理，此属于道家；空理，此属于佛家；性理，此属于儒家；事理（亦摄情理），此属于政治哲学和历史哲学。"①

经济学究竟属于一门什么学问？此问题很值得考究。凯恩斯在追忆马歇尔的著名文章里，称一个杰出的经济学者必须"在某种程度上同时是数学家、历史学家、政治家和哲学家"。

当代经济学者一致认为经济学属于经验科学，即属于与自然科学同类的经验科学。然而，凯恩斯却说杰出的经济学家亦须通晓历史和哲学。一个物理学家或化学家可以完全不管古往今来人类发生了什么。经济学者所研究的对象是否可以如物理学家或化学家的研究对象那样，能够完全归入经验科学之范畴，显然不是那么直截了当。

当我们思考一个经济问题的时候，譬如当我们思考经济增长、通货膨胀、税收问题的时候，我们的心态和心思应该与物理学家思考粒子或星球运动规律时候的心态不同。当我们思考任何经济问题的时候，我们总是情不自禁地会想到此问题与人的福利或生活有什么关系，尽管我们原则上可以将这些问题当作"完全客观"的问题来研究，然而实际上我们研究经济

---

① 牟宗三.心体与性体：第一册 [M] 15 版.台北：台湾正中书局，2010：10.

问题时的"客观态度"与研究物理学问题时的"客观态度"非常不同。许多经济学者否认这一点，其实恐怕有点儿自我欺骗的意味。

因为正如奈特所说，经济学者选择研究什么问题亦是一个价值判断，选择研究物理学问题时有偏好的不同，但很难说是一种价值判断。为什么你希望研究经济增长的规律？因为经济增长与否关乎人类福祉，关乎许多人摆脱贫困，关系到国家和民族的兴衰，你总是希望从研究中引出对此具有价值的结论或政策指引。你为什么要研究通货膨胀问题？因为通货膨胀关乎大多数人的福祉，通货膨胀对少数人有利（譬如大量举债的人），对于绝大多数人尤其是收入固定或收入增长赶不上通胀速度的人非常不利。你研究通货膨胀的时候，心目中总是想着最大多数人的福祉，并希望从研究中得到遏制通货膨胀的有效政策或手段。

我思来想去，总觉得人们思考经济问题的时候，无法与价值判断完全割裂开来。有价值判断并不意味着研究者就要伪造数据和事实，单单只选择与自己意向中的结论相符合的数据和事实。许多经济学者极力要将价值判断撇开，声称实证科学绝对与价值判断无关，其实是担心研究人员因为价值判断去主观地或先入为主地捏造数据、事实或结论。

当我们思考人类问题的时候或者思考经济学问题的时候，（借用康德的术语）我们总是会将理性的全部业绩所需要的问题都牵涉进来：

其一，我应当做什么？

其二，我可以希望什么？

其三，我能知道什么？

其四，人是什么？

经济学者可以不承认他牵涉到这些问题，甚至没有意识到这些问题牵涉进他所研究的问题之中，然而，理性的全部业绩所需要解答的问题是我们思考经济问题的背景。既然如此，我们是无法撇开价值判断的。我们为什么要拼命声明要撇开价值判断呢？

西方经济学逐渐发展为所谓实证经济学或经验科学的一个分支，乃是西方思想传统之必然。西方思想传统自发端起，就以知识（客观知识或经验知识或见闻之知）为首出。虽然全部人类有一个共同的本质，那就是优先关心的是自己的德性，并非客观的知识。然而西方思想的传统是以客观知识为首出，希望以客观知识或经验知识或见闻之知为途径来达到德性之知。德性之知的优先性是共同的本质，但如何达到德性之知，东西方思想的进路则大异其趣。西方希望通过科学知识之途径来达到德性之知（认识到人的本质或道德的本质），东方思想则是直接通过反思人的行为、反省人的德性来达到德性之知。所以西方从一开始就重视科学知识或经验知识，东方一开始就重视德性之知。这并不是说，西方没有德性之知，东方没有科学知识，只是侧重点不同而已。

然而，随着历史的演进、时间的推移，侧重点不同就造成了完全不同的结果。西方日益走上科学主导的道路，到17—18世纪，则出现伟大的科学时代，德性之知或一般的宗教人文逐渐退居次要地位，遂有如美国学者C. P. 斯诺所说的"两种文化的冲突"。西方依照科学方法来解释人类的生活，发现人类的价值，寻找生活的意义，结果日益走入一种怀疑论、无神论、虚无主义、存在主义以及其他主义的陷阱之中。先有尼采哀叹"上帝已死"和叔本华的意志决定论，后有斯宾格勒的西方衰落论和存在主义的人生价值虚无主义。因为，按照实验科学或实证科学之方法，我们无法找寻到人生的价值和意义。

物理学家温伯格将西方科学方法论简单概括为"始终向下"的解释箭头或解释方向——从人到人体之细胞、基因、分子、原子、电子、中子、质子直到所谓"弦"，以这个"永远向下"的解释箭头来解释人的行为、寻找生命的意义和价值，必然陷入虚无主义和怀疑主义的黑暗深渊。存在主义的泛滥正是西方科学思维统治和笼罩一切的必然结果。所以科学家考夫曼奋起反驳温伯格以物理学"永远向下"的解释箭头来解释生命和人类行为，发誓要"重新发现神圣"。

实证经济学其实也是一种"永远向下"的解释学思维。从宏观经济现象到人的行为到人的自私假设，再从自私假设到自私基因，再到分子、原子、电子和基本粒子。虽然经济学者将自私只是当作一个假设或公设，不再追究下去，然而，这是不彻底的"半截逻辑"，真要追溯下去，就同样到达考夫曼所深恶痛绝的"永远向下的"虚无主义逻辑了。

重视德性之知的东方思想传统亦有致命缺陷，那就是日益忽视甚至鄙视科学知识。中国和印度自古以来就有许多科学发现和发明，但是正如马克斯·韦伯在《新教伦理和资本主义精神》一书开篇所说的那样，东方确实从来没有发展出西方那样系统的科学思想传统，或者如康德在《纯粹理性批判》第二版序言里所说，东方从来没有将科学推上稳固坚实的康庄大道。是故当西方列强借助科学技术所制造的坚船利炮所向披靡征服东方世界的时候，东方世界顿时对自己的学问传统产生深深怀疑，西方中心论一时间成为全球统治性的意识形态，至今余音袅袅，不绝于耳。所谓科学和民主成为东方各国救国图强之利器，数千年辛苦经营的德性之知之伟大传统被弃如敝屣，扫地出门。西方经济学同样以"科学"的姿态征服东方学界，被普遍认为代表着人类经济学的真理。

历经数百年的发展，我们今天能够清楚地看到东西方思想传统各自的优点和不足。西方科学传统极其伟大，成就卓越辉煌；东方重视德性之知之传统亦极其珍贵，其重视生命、安顿生命之作用须臾不可离。将东西方各自擅长的传统结合起来，摒弃相互轻视和忽视的不良传统，才是重建人类文明之康庄正途，亦是重建经济学之康庄大道。

我们需要将经济学从经验科学或实证科学里超拔出来。超拔出来并不是否认经济学之实证科学一面，而是要强化或恢复其德性之知一面。社会科学或经济学本来就是特殊的学问，既不能完全归入德性之知，亦不能完全归入经验科学或实证科学。

经济学的全部问题终将回到价值创造之源

怀特海曾经说过，整个西方哲学乃是对柏拉图的一系列注释。我们借用他的语句，亦可以说，整个西方经济学乃是对斯密的一系列注释，亦即对斯密所创发的市场机制——看不见的手——之一系列新的阐释或注释。经济学者高下之分、原创非原创之分，端在对市场机制之理解是否别开生面，独树一帜，独具新意。

凯恩斯与古典经济学分道扬镳之分水岭就是对市场机制之理解完全不同。古典经济学相信市场完全有效、充分信息、市场自动迈向均衡、萨伊定律、货币长期中性等理论；凯恩斯则以为市场机制的决定力量乃是人们的预期、非理性行为或动物精神、不确定性、供给者和需求者的信息不对称等，他由此解释经济的短期波动、有效需求不足或投资消费需求不足、非自愿失业等，预期和不确定性实际上是凯恩斯经济学的核心概念和原创贡献。

奈特亦是从风险和不确定性角度理解市场机制和经济制度安排（制度安排就是市场机制），奈特对人类经济行为之本质的理解超凡脱俗。他已经意识到，完善的市场机制对人的价值创造或价值探索活动固然重要，但市场机制却不是促进人的价值创造或价值探索活动的唯一机制，甚至也不是最重要的机制。奈特的名言是：人的全部活动皆是价值领域之无穷探索。仅此一句，其见识之超越就难以为不知者道也。奈特坚信社会的秩序不是市场机制，而是宗教信仰。市场机制只是整个人类价值创造机制的组成部分之一。

奥地利学派则从创造性角度观察市场机制，可谓独辟蹊径，奇峰突起，由此直接启发熊彼特开辟"创新和创造性毁灭"的新天地，熊彼特认为创新和创造性毁灭是资本主义经济制度的核心。

市场机制对创新和创造性毁灭固然重要或不可或缺，然而，创新和创造性毁灭却需要远远超越市场机制（尤其是价格机制）的文化和制度环境，熊彼特一下子将我们对经济体系内在调节机制的认识提升到新的层面。当然，专注价格机制或将市场机制完全等同于价格机制，或将人类创造、创新活动的机制完全等同于价格机制或市场机制的人，难以理解熊彼特见识之超越卓绝。他实际上已经洞悉到真正的创造之源、增长之源，洞悉到人类经济发展之本质——创造性本质。

科斯开启的产权和交易费用经济学，从一个独特的视角（产权和交易费用视角）开辟出我们认识市场机制的崭新天地，新制度经济学应运而生，极大地加深了人们对市场机制运行机理的认识。张五常的经济解释则继承和发扬科斯的思想路线，将西方经济学源自斯密的对于价格机制或市场机制的认识推向一个巅峰。

新凯恩斯主义经济学对市场机制的理解则试图回归到凯恩斯原创的思想（信息不对称、价格刚性等）。理性预期学派和新古典经济学则试图回归到古典经济学的基本视角（货币长期中性，市场总是自动迈向均衡，有效市场假设，等等）。博弈论和信息经济学则从信息和策略的角度深入讨论市场千奇百怪的各种奇特机制。

综合数百年无数天才经济学者对市场机制的理解，要义有二：一是产权制度及其相关的法律制度对市场机制的安排和运行具有决定性影响；二是货币制度安排对市场机制的有效运转具有决定性影响。从凯恩斯、费雪、弗里德曼到蒙代尔、卢卡斯等人的经济学，亦是从货币层面理解市场机制的原创思想。凯恩斯以货币利率理论取代古典经济学的真实利率理论（取代货币是一层面纱或货币中性学说）；费雪则试图将真实利率理论和货币利率理论整合起来，他对债务通缩机制的深刻分析尤其重要，直接启发了后世伯南克等人的资产负债表衰退和金融加速器理论；弗里德曼则致力研究货币供应量如何改变价格机制；蒙代尔则从市场机制或调节机制的视角讨论汇率制度安排和国际货币体系。

无数大师的研究成果说明一个真理：货币制度安排（国内货币制度和国际货币制度安排）对市场机制或整个人类经济体系的运行具有决定性影响。产权制度和货币制度是市场机制的两个最重要基石，任何一个基石被破坏，市场机制皆将遭受重大扭曲，人类经济体系运行机制及其结果皆将遭受重大影响。

良好运行的市场机制是确保人类经济活动正常运行的基础，良好运行的市场机制则必须基于完善的产权保障制度和稳定的货币制度。一切对市场机制的破坏或扭曲，要么源自对产权制度的破坏或扭曲，要么源自货币制度安排出现重大缺陷。迄今为止，经济学的全部贡献不外于此。

然而，仅有完善的产权制度和货币制度，并不足以激发人类的创造性，并不足以激发人心或人性内在本质的创造性。此为本书所深入讨论的基本主题，亦是吾不揣冒昧，胆敢出版《新经济学》的基本理由。

终极真理或规律之追求

《新经济学》第三卷的基本目的是回答以下问题：人的经济行为及其所形成经济现象（经济体系或经济制度及其演变）究竟有没有终极的真理（或规律）？如果有，那么人类依照什么途径能够获得或接近终极真理（或规律）？

当然，很多人一听到终极真理或规律就立刻大皱眉头、退避三舍，甚至心生厌恶。他们认为根本就没有终极真理或终极规律那回事，我们人类所能够做的，就是找到一些暂时的或者具体的或者实用的真理或规律，以指导我们的行动。更有一些人认为人的行为（无论是经济行为还是其他行为）根本没有真理或规律可言，人的行动本来就是在黑暗中摸索前进，或者说只能是就事论事，具体问题具体分析。真理或规律不存在，终极真理或规律则根本无从谈起。人的行为及其所形成的现象（譬如我们日常所看到或必要的经济体系和制度）究竟是有客观的规律，还是杂乱无章或慢无秩序地随机行走？这个问题本身就值得深入思考。尤其是，人的行为及其现象之规律与宇宙自然之规律（即自然科学所着力研究的规律）究竟有什么相同或不同？是任何研究社会科学的人所无法回避的问题。

然而，追求终极真理或规律似乎是古往今来、古今中外一切伟大思想家的共同理想，所谓东西古今圣哲之心之所同契。即以经济学而论，斯密的理想就是要寻找到经济领域里的"自然规律"，堪与自然科学里的牛顿定律相媲美。事实上，正是牛顿定律的伟大成就激励苏格兰启蒙运动的思想家们努力寻找人类社会尤其是经济领域的"永恒规律或真理"。李嘉图的梦想是寻找到那个普适的、恒定不变的经济规律，虽然他认为经济学家或经济学只能找到人类财富分配领域的永恒规律，对于财富增长或经济增长则毫无规律可言。马克思的宏图大志不仅仅是找到资本主义经济体系的基本规律，而且希望借助研究或解剖资本主义经济体系来找到人类全部经济体系演变的基本规律。凯恩斯亦相信人类经济问题具有某种内在的基本规律，人类经济问题总有完全得到解决之日，自那时起，人类就不必再为经济问题所困扰，其精力可以完全用于思考哲学、研究艺术、享受生活。马歇尔的经济学理想是寻找到纷繁复杂经济现象背后的"统一的多样性和多样的统一性"（one in all, all in one）。这个终极的统一性应该就是人类经济现象的终极真理或规律。张五常教授毕生学问之追求，亦是寻找经济学的内在统一。

伟大自然科学家对宇宙自然终极真理或规律的追求从未停止，终极真理或规律始终是激励他们献身科学研究的内在动力。爱因斯坦的故事举世皆知，他将传奇一生的后半部分全部奉献给探索宇宙自然的终极规律或定律——统一场论。爱因斯坦的理想是以统一场论来统一解释宇宙自然现象，其他一切科学定律都是这个统一场论或统一理论的具体运用或特定解。温伯格专门著书，阐述科学家对终极规律不懈追求的辉煌历程。霍金在其畅销书《时间简史》里如此描述科学家对终极规律的渴望和迷恋："科学的终极目的是发现能够描述整个宇宙的统一理论。如果我们能够实现这个伟大梦想，那将是人类理性的终极胜利。到那个时候，我们人类将能够真正理解上帝的心思。"[1]

事实上，凡是对学问稍有体会或者稍做思考之人，必定燃起追求或渴望终极真理之热忱，此盖人类精神或心理之必然趣向也。人类绝不以获得暂时、具体、一事一物之真理或规律为已足，所谓终极关怀或永恒追求实

---

[1] Stephen Hawking, *A Brief History of Time*, Bantam Books, 1988, p.226.

乃人性之本质、人心之光辉，实乃激励人类思想发展和科学进步之不竭动力。此亦人作为智慧生物最奇妙之事。所谓人为万物之灵，其灵端在于具有趣向永恒真理或终极真理之襟怀或愿力。

古往今来各大宗教之魅力，即在于为人之生命指出一个终极归宿，指出迈向终极归宿之基本路径和方向，开辟迈向终极真理之康庄坦途。华夏学术之源，诸经之母《易经》首先标举《乾卦》为宇宙自然人类社会万事万物之本源或本质，为一切事物演变进化之内在动力，乾卦实乃宇宙自然人类社会终极真理或终极规律之简称或代称。

《易经》以乾之精神统领六十四卦，统领一切事物之演变进化，统领宇宙自然人类社会之无限无穷变迁，为何？盖因乾卦之基本精神就是生生不息、趣向永恒，矢志迈向那个最高真理或规律。"天行健（乾），君子以自强不息。"人类需要或趋向终极真理，正如人类需要一个世俗的乌托邦那样，乃是人性之必然，否则人类将无以寄托生命，无以燃起生活之希望，刺激生存之愿力。舍此终极关怀和终极真理，人类必将日渐堕入黑暗无趣之深渊，沦入死亡毁灭之地狱。

人类全部历史就是一部人类精神不断趣向终极真理或规律之历史，人类之伟大和可歌可泣之处端在于斯。公元 2000 年新千年之际，全球人类评选过去一千年以来心目中最伟大人物。帝王将相、富商巨贾皆不在话下，唯伟大科学家爱因斯坦一人登顶，仅此一事，足证人类之伟大。盖爱因斯坦既非高官厚爵，亦非富商巨贾，然而其石破天惊之科学发现，将人类追求最高真理或规律之愿望向前大大推进一步，因为有爱因斯坦之伟大发现，人类对宇宙自然乃至自身之认识今非昔比，人类开始窥见宇宙自然演化之秘密，开始窥见"上帝之密码"，此何等盛事！地球人类共同评选爱因斯坦为过去千年来最伟大人物，体现了人性之光辉，亦见证人类趣向最高真理之热忱始终不减。设若人类只是在物欲横流之生死海里摸爬滚打，毫无趣向最高真理或规律之高贵精神追求，则人类恐怕早已灭绝。

唯赖追求最高真理或规律之精神趣向，人类则永远矢志探索宇宙自然人类社会之规律，生生不息。"大学之道，在明明德，在新民，在止于至善。"至善者，就是那个最高真理或规律之所在或代名词，至善之境就是至高之境，就是宇宙自然人类社会最高真理之所在。一切宗教最高境界是"圆教"，一切道德真理之最高境界为"圆善"，一切理论之最高境界为"统一理论或大统一理论"，真善美最终圆融大化于那个最高真理之中，盖最高的真亦是最高的美，亦是最高的善。真善美是一而多、多而一的完美统一，是一切学问必然趣向的最高境界。

然而，人类趣向最高真理之途径则纷纭多样，不一而足，所谓条条道路通罗马，古往今来无数伟大学者和思想家，皆深深着迷于探寻真理或知识之各种途径，不断将各种知识或真理之追求推向稳定前进之康庄大道。先是数学或几何学，接着是自然科学，再接着是各种社会科学勃然兴起。当然，各大宗教或神学之伟大系统，本身就是探寻绝对真理或最高真理之结晶。无论孔子儒家、释迦佛教、老庄道家，还是犹太宗教、耶稣基督、穆罕默德所创伊斯兰教，皆代表人类探寻终极真理之伟大成果。任何宗教如果没有窥见或接触到那个终极真理之某个侧面，则绝不可能有任何吸引力。所以我们对一切伟大宗教派别及其神学体系，都应该心存敬意，虚心修学。当然，宗教仪式尤其是打着宗教旗号的世俗行为则另当别论。

康德是西方思想传统里最伟大的哲学家之一，他的经典巨著《纯粹理性批判》试图为人类理性开辟通向那个最高真理或终极真理之路。

善经济：经济行为的最高原则

人类经济行为首先应该以"善"为出发点，一切经济必须是"善经济"，不是"恶经济"，一切经济行为必须是"善行为"，不是"恶行为"。佛家最喜欢讲善知识、善男信女。人性或人心的本质是善，不是恶。全球著名互联网科技巨头谷歌公司的核心文化理念是"不作恶"，就是要求公司所有员工的行为、公司所有的科技、产品和服务"不作恶"，这可能是任何公司最高级的文化理念了，其实就是坚守善经济的基本思想。

善经济的基本原则是：其一，人和自然要和谐相处。人类不能为了发展经济而牺牲自然环境。一切自然不仅是生命，而且是与人类自身本来和谐一体的生命体系。毁灭自然、消耗自然、污染自然、破坏自然就是毁灭、消耗、污染和破坏人类自己。当今人类面临的最大危机就是自然的消耗、污染、破坏和毁灭，危机的深重和可怕超过所有金融危机和经济危机。其二，人与人要和谐相处。人与人的和谐相处，其意义深远广大，非一言可以尽矣。

大而言之，第一，各个国家和各个种族之间需要和谐相处。需要抛弃和彻底改变所谓"文明的冲突"，依照中国古代圣哲"明明德、新民、止于至善"和"天行健，君子以自强不息"的伟大教训，人类终究有一日会求得自己的本心或返回自己的本心，人类总有向善的"向上之一机"，从而达到各个种族和民族之间的和谐相处，因为人类的本心或本性绝无种族和民族之分。第二，人类经济行为必须以合作为主要取向，不是以竞争为主要取向。第三，人类经济制度之安排或构建必须以公平正义为准则。

以此而论，今日人类社会基本上走在一个错误的道路上。其一，所谓文明的冲突或者国与国之间的冲突成为威胁人类命运共同体或地球村的主要危险。其二，西方经济学数百年来始终强调竞争为经济行为之主要取向，放任的自由竞争造成社会或人类资源的极大浪费，同时造成经济内在的周期律或经济危机的频繁爆发。竞争尤其是无序的竞争其实就是导致金融危机和经济危机的核心或唯一原因。计划经济思想虽然被历史证明大体行不通，却绝非毫无真理的成分。我们需要从这个角度去思考生产过剩或不足的经济危机，去思考为什么人类经济发展过程中会出现如此严重的资源浪费。其三，西方经济学数百年来基于极端或纯粹私有制的基本经济制度，造成了一个普遍的收入差距和贫富分化日益扩大的人类社会。皮凯蒂的《21世纪资本论》和本书均以此作为主要讨论课题，核心还是私有制。马克思对资本主义生产资料私有制的批判极其深刻，他提出在私有制基础上重建公有制。我以为公有制是人类的前途，亦即今天许多人开始讨论的分享经济或共享经济或共赢经济。我们需要从基本制度层面去设计共有经济或共享经济的基本制度。《新经济学》第二卷对此已有深入讨论。

人类思想之统一

人类思想有一个奇怪和令人不安的现象，那就是各派思想或各个科学领域的基本理念之间往往相互冲突。譬如佛教主张禁欲或克制欲望；儒家主张每个人都应该克制自私自利之心，追求大公无私或天下为公；基督教曾经在很长时间里禁止借贷收息，亦反对赚钱牟利，新教革命之后，新教信徒又将赚钱与为上帝争光直接联系起来，将赚钱和克制个人欲望结合起来。

经济学被称为世俗哲学，西方经济学的基本理念是人性自私、个人效用或利益最大化、企业利润最大化等，将全部经济生活奠基于人性的贪婪欲望或自私动机。从经济学的基本逻辑来看，人类最好无限制放任自己的欲望、无限制浪费资源、无限制消费产品，这样所有公司和企业都能够赚钱。

事实上，人类经济体系今日早已演变成为一个过度消耗资源和浪费资源的经济体系，刺激消费、刺激需求成为各国所有宏观经济政策的基本出发点。从马尔萨斯开始，就有一派"异端邪说"将人类之前以为的美德看作是"恶德"——储蓄和节俭。凯恩斯是马尔萨斯的忠实信徒，《通论》通篇反对节俭和储蓄，认为节俭和储蓄是制造经济萧条和失业的罪魁祸首，浪费和穷奢极侈才是创造就业、制造繁荣、促进增长的不二法门。

早在斯密时代，《蜜蜂的寓言》的著名作者曼德维尔就直截了当地指出人性之恶能够创造社会之善。人性之恶就包括穷奢极侈、挥霍无度和极度浪费，社会之善就包括就业、繁荣或增长。凯恩斯曾经以实际行动演示他的经济哲学。他在参加一次盛大宴会时，故意将服务生手中的餐巾全部打翻在地。当服务生和其他客人迷惑不解时，凯恩斯平静地说，如果大家都这样做，酒店就可以雇用更多服务生，创造就业！

2008 年全球金融危机之后，消费和节俭、储蓄和借钱，究竟谁对谁错，再一次引发世界性的争论。许多人将金融危机的爆发归咎于西方尤其美国人的穷奢极侈、借钱消费、借钱买房——美国人的储蓄率确实一直下降——极力称赞亚洲人尤其中国人的高储蓄和节俭。然而，另一些人则将金融危机归咎于亚洲人的过度储蓄和节俭——以伯南克的全球储蓄过剩假说为代表，认为要解决全球经济失衡，亚洲人就必须扩大消费、减少储蓄、放弃节俭、借钱消费。中国国内亦有许多重量级的学者和决策者极力呼吁中国人应该降低储蓄率，增加消费，应该发展消费信贷，鼓励个人借钱消费，甚至鼓励每个人不断增加住房、汽车、手机以及一切商品的购买——

不断地为住房贷款和汽车贷款提供优惠政策，不就是鼓励大家多消费吗？这与凯恩斯的政策理念毫无二致！古往今来人们称赞的美德完全成为恶德！

人类思想的这种"精神分裂症"是无法忍受的。同样一项行动，竟然得到截然相反的两种解释和评价，这难道是人类理性的一个必然结果吗？难道是人性的必然结果吗？经济学的基本理念——增长、发展、自私、消费、浪费、穷奢极侈等，与人类所有宗教和思想流派的教义完全冲突，这种思想上的精神分裂症或内在冲突是难以接受的。我认为它绝非人类理智、理性或人性的本来面目。经济学要有一个坚如磐石的基础，首先必须解决这个思想上的精神分裂症。我们必须问：人类理性的本质或人性的本质究竟要求我们怎么做？解决这个思想精神分裂症的出路在哪里呢？《新经济学》已经为回答这些问题提供了相当丰富的思想资源。

经济学的形而上学：人类经济问题的本质

经济学最终或最后的基础到底是什么？经济学者似乎不愿意去理会甚至懒得去询问和思考这个形而上学的问题。经济学者认为自己去关心和研究日常经济生活的具体现象就足够了，研究统计数据如何更精确，名词术语定义如何更准确，数学模型如何更精致，包含的变量如何更多，计算和处理的方法如何更简洁，做出的预测与现实的演变如何更贴近，如此等等。实证经济学将经济学当作一门科学，将经济现象当作经济科学研究的客观现象。然而，我们是否应该去问一个基本的问题：人类为什么会有一个经济问题呢？或者人类为什么会被经济问题所困扰呢？

人类经济问题之发生乃是源自人类生存的两个基本事实：人类必须拥有足以保证他生存的物质资料和精神资料；能够供给人类消费的物质资料

和精神资料在任何时刻都是稀缺或不足的。前者被称为需求或欲望的无限性，后者被称为供给或资源的有限性。需求或欲望的无限性与供给或资源的有限性之间构成一对基本的矛盾，如何解决这个基本的矛盾就是人类所面临或将永远面临的经济问题。供给和需求的分析架构由此产生，马克思的商品二重性分析范式由此而生，当代宏观经济模型所谓总供给和总需求的矛盾或均衡分析范式由此而生，张五常将经济学的最终基础确定为需求定律，亦由此而来。然而，人类所面临的两个基本事实唯有通过供给的均衡来解决吗？舍此没有其他办法吗？

古典经济学的集大成者穆勒将经济学问题概括为生产、分配、交换（流通）和消费四个环节；马歇尔首次将经济问题视为供给和需求的剪刀问题；马克思则主要将人类经济问题看作是一个阶级问题或生产资料所有制的问题或剩余价值生产、实现和分配的问题；列昂·罗宾斯将经济学问题视为一个选择问题；萨缪尔森将经济学问题分为生产什么和生产多少、如何生产、为谁生产；科斯和张五常将经济学问题看作合约选择的问题（选择什么）。他们皆相信价格机制能够解决所有环节的问题，至少是解决所有环节问题的主要方法或最佳方法。米塞斯和哈耶克则对经济学问题进行了重新界定。

然则经济问题没有其他视角能够开辟一条新路吗？或者我们可以问，为什么经济学者会有如此众多不同的视角？当然，每一不同的视角就是一个新的思路，足以开辟一个新的研究领域。穆勒以此集古典经济学之大成；马歇尔以此开创供求分析范式；马克思以此开辟剩余价值学说；罗宾斯以此开辟选择理论；萨缪尔森以此将经济学归纳为一个最大化问题；科斯和张五常以此将经济学视作合约选择问题，开创合约分析；冯·诺依曼和摩根斯坦将经济学问题视为一个博弈问题，开辟博弈论；哈耶克将经济问题视为一个知识的发现、创造和应用问题；米塞斯和奥地利学派将经济问题视为一个市场发现和开拓（创造）的问题；熊彼特将经济问题主要看作是一个创新和创造性毁灭的过程；凯恩斯则将经济问题主要看作是一个短期需求管理问题；在索罗之前研究增长理论的学者主要将增长看作是一个资本积累或储蓄问题，索罗则将增长主要看作是一个技术进步问题；内生增长理论则主要将增长看作是一个人力资本积累问题；奈特则主要将经济问题看作是一个消除不确定性或应对不确定性的问题。此外，还有从心理学、社会学、历史学、自然科学等无穷无尽角度来考察经济学的学者，譬如今日大行其道的行为经济学、行为金融学；凯恩斯"动物精神"被席勒和阿卡洛夫发扬广大——席勒和阿卡洛夫大谈特谈所谓的"欺骗均衡"，理性预期学派对人类预期的深刻把握；以及政治学者从政治制度角度对经济问题的考察，社会学家从社会学角度对经济问题的考察，生物学家或者经济学者借鉴生物学及其演化理论所创立的演化经济学或生物经济学、借鉴物理学耗散理论或混沌理论所建立的动态演化经济学或将经济学看作一个复杂系统；等等，等等。

然则，经济学为什么会有如此众多的视角或角度？有没有一个角度或视角超越一切之上？将所有这些视角统一起来？

《新经济学》为此提供的答案就是人心面向未来的无限创造性。此一观察人类经济行为和经济现象的新视角能够将上述所有理论统一起来。因为人的任何行为皆不可能超出人心的道德（精神）创造性和知识（物质）创造性。

参考文献

［1］John M. Keynes, *The General Theory of Employment, Interest and Money*, Macmillan and Co., Ltd. 1936.

［2］Adam Smith, *An Inquiry into the Nature and Causes of the Wealth of Nations*, Methuen and Co., Ltd.

［3］伯纳德·曼德维尔. 蜜蜂的寓言 [M]. 肖聿，译. 北京：中国社会科学出版社.

［4］张五常. 经济解释（二〇一四合订本）：科学说需求 [M]. 北京：中信出版社，2014.

［5］熊十力. 熊十力论学书札 [M]. 上海：上海书店出版社，2009.

［6］熊十力. 新唯识论 [M]. 北京：中国人民大学出版社，2006.

［7］《象山先生全集》，商务印书馆印行，中华民国二十四年十二月初版.

［8］牟宗三. 中国哲学十九讲 [M]. 长春：吉林出版集团有限责任公司，2010.

［9］牟宗三. 圆善论 [M]. 长春：吉林出版集团有限责任公司，2010.

［10］雷·库兹韦尔. 奇点临近 [M]. 李庆诚，董振华，田源，译. 北京：机械工业出版社，2017.

［11］熊十力. 十力语要初续 [M]. 上海：上海书店出版社，2007.

［12］牟宗三. 现象与物自身 [M]. 长春：吉林出版集团有限责任公司，

2010.

［13］朱熹 . 四书集注 [M]. 长沙：岳麓书社，2004.

［14］《坛经》《论语》《孟子》《中庸》《大学》《易传》等。

［15］牟宗三 . 从陆象山到刘蕺山 [M]. 长春：吉林出版集团有限责任公司，
　　　2010.

［16］辜鸿铭 . 辜鸿铭文集 [M]. 三亚：海南出版社，1996.

［17］牟宗三 . 心体与性体：第一册 [M]15 版 . 台北：台湾正中书局，2010.

［18］熊十力 . 存斋随笔 [M]. 上海：上海书店出版社，2007.

［19］牟宗三 . 中国哲学的特质 [M]. 长春：吉林出版集团有限责任公司，
　　　2010.

［20］熊十力 . 佛家名相通释 [M]. 上海：上海书店出版社，2007.

［21］许良英，王瑞智 . 走近爱因斯坦 [M]. 沈阳：辽宁教育出版社，2005.

［22］许良英 . 爱因斯坦文集 [M]17 版 . 北京：商务印书馆，2016.

［23］Stephen Hawking, *A Brief History of Time*, Bantam Books, 1988.

［24］Stuart A. Kauffman, *Reinventing the Sacred: A New View of Science,
Reason, and Religion*, Basic Books, 2008.

［25］Walter Isaacson, *Steve Jobs*, Simon & Schuster Paperbacks, 2011.

［26］Immanuel Kant, *Critique of Pure Reason*, The Macmillan Press Ltd. 1933.